ALIVETTE VIGO

Haz la Paz con la Ansiedad

MANEJA LO BUENO, LO MALO Y LO FUERA DE CONTROL

Copyright © 2022 Alivette Vigo

BE WELL
—PUBLISHER—

Todos los derechos reservados. Ninguna parte de esta publicación puede ser reproducida, distribuida o transmitida en cualquier forma o por cualquier medio, incluyendo fotocopias, grabaciones u otros métodos electrónicos o mecánicos, sin el permiso previo por escrito del editor, excepto en el caso de breves citas incorporadas en reseñas críticas y otros usos no comerciales permitidos por la ley de derechos de autor.

Aunque el autor y el editor han hecho todo lo posible para garantizar que la información contenida en este libro fuera correcta en el momento de su publicación, el autor y el editor no asumen y por lo tanto renuncian a cualquier responsabilidad ante cualquier parte por cualquier pérdida, daño o interrupción causada por errores u omisiones, ya sea que dichos errores u omisiones sean resultado de negligencia, accidente o cualquier otra causa.

El cumplimiento de todas las leyes y reglamentos aplicables, incluidos los internacionales, federales, estatales y locales que rigen la concesión de licencias profesionales, las prácticas comerciales, la publicidad y todos los demás aspectos de la actividad comercial en los Estados Unidos, Canadá o cualquier otra jurisdicción, es responsabilidad exclusiva del lector y del consumidor.

Ni el autor ni el editor asumen responsabilidad alguna en nombre del consumidor o lector de este material. Cualquier desprecio percibido de cualquier individuo u organización es puramente involuntario.

Los recursos de este libro se proporcionan únicamente con fines informativos y no deben utilizarse para sustituir la formación especializada y el juicio profesional de un profesional de la salud o de la salud mental.

Ni el autor ni la editorial se responsabilizan del uso de la información proporcionada en este libro. Por favor, consulte siempre a un profesional capacitado antes de tomar cualquier decisión sobre su tratamiento o el de otros.

ISBN: 979-8-9852923-1-2

DEDICACIÓN

A mi adorable hija porque me haces sentir joven, creativa y divertida. Gracias por ser una persona tan hermosa.

A mi familia, a mi ex marido y a las amistades que me han apoyado durante todo el proceso de sanación y escritura. Saben que mi intención es buena y los quiero a todos.

A la persona a la que no puedo expresarle lo que he escrito. No te juzgo por haber tomado una decisión tan definitiva. Rezo para que descanses en paz.

Haga una promesa para su bienestar

Esta promesa es un compromiso con usted mismo para mejorar su salud mental y practicar amor propio.

Acompáñame, y a todas las personas que ya se han prometido a poner su bienestar en primer lugar, a través de esta página:

alivettev.authorchannel.co

Lea, firme y mantenga esta promesa en un lugar donde pueda verla a diario.

TABLA DE CONTENIDO

Introducción	9
Capítulo 1 — Rango de ansiedad	13
Capítulo 2 — Desórdenes mentales	23
Capítulo 3 — El Estigma	29
Capítulo 4 — Lo Impensable	39
Capítulo 5 — Espiritualidad y Trabajo Interior	45
Capítulo 6 — Soporte Emocional	57
Capítulo 7 — Medicación	67
Capítulo 8 — Estilo de Vida Saludable	73
Capítulo 9 — Organización Literal	81
Capítulo 10 — Vivir Conscientemente	89
Reconocimientos	95
Fuentes	99

INTRODUCCIÓN

Antes los ojos de muchos, tengo éxito. Esta es mi realidad actual, pero no siempre ha sido así. A menos que lo mencione, probablemente no sepas que controlo un trastorno de ansiedad generalizada, que he sufrido varios ataques de pánico, ciclos de depresión y que me han diagnosticado un trastorno de estrés postraumático (TEPT). Compartiré algunas de mis experiencias a lo largo del libro, pero comprenda que todos experimentamos las luchas mentales de forma diferente. Algunas personas son capaces de manejar bien la ansiedad. Otras personas la encuentran difícil de controlar, afectando negativamente a sus vidas diaria. Su situación no tiene por qué coincidir con la mía. No hay comparación en la vida; todos somos únicos en este mundo. Sin embargo, en lo que debemos estar de acuerdo es en que el bienestar mental es esencial para todos.

Colectivamente, tenemos que apoyarnos unos a otros. Nos presionamos para crear la vida más perfecta y exitosa que nuestra sociedad nos ha condicionado a creer que necesitamos. Tanto si fracasamos como si tenemos éxito, a veces nos sentimos ansiosos o deprimidos, y para algunos, así nos sentimos todo el tiempo. Los trastornos de ansiedad y la depresión son más comunes de lo que nosotros, como sociedad, admitimos. Afortunadamente, todos podemos ayudarnos unos a otros porque todos compartimos la condición humana. No estás solo si luchas contra la ansiedad, la depresión o ambas. O quizás quieras ayudar a alguien que sufre esta lucha. Al igual que cualquier otro problema médico, las luchas mentales pueden gestionarse eficazmente con una detección temprana, un plan de acción y un sistema de apoyo. Me gustaría decir que descubrí naturalmente como contralar mi ansiedad, pero no fue así. Me llevó mucho tiempo de experimentar, aprender, aceptar y tratarme a mí misma con amabilidad y paciencia para poder coexistir con mi trastorno de ansiedad. Ahora que he alcanzado este nivel saludable de coexistencia, lo comparto con ustedes.

El resumen del principio de mis años veinte fueron así: madre, esposa, voluntaria de varias organizaciones benéficas, miembro del servicio militar activo, con una casa organizada y limpia, todo ello con un aspecto atractivo. Cumplía con todas las expectativas de la sociedad adulta en la medida de mis posibilidades, y mi personalidad añadía más responsabilidades porque siempre he sido una persona con grandes logros. También debo mencionar que soy una persona muy emocional, apasionada y empática. No hay nada malo en todo eso, excepto que no estaba incluyendo mi salud mental. En mi vida hasta ese momento, la ansiedad era como una balanza que me ayudaba a medir el riesgo frente a la recompensa. Los sentimientos de ansiedad, mezclados con otras emociones como el entusiasmo, me ayudaban a superarme.

Siempre estaba preparada para cada evento o reto. Mis actuaciones solían ser magníficas y nada menos. Con el paso del tiempo, el mismo nivel de ansiedad que solía ayudarme empezó a quebrarme emocionalmente. No me consideraba una perfeccionista, pero mirando hacia atrás, lo era totalmente. Me presionaba mucho, tenía muchos miedos y, en consecuencia, desarrollé algunos síntomas físicos relacionados con el estrés.

No puedo precisar con exactitud cuándo perdí la capacidad de controlar mi ansiedad y utilizarla en mi beneficio. Podría haber sido el deseo de ser mejor, de hacer más, o de perseguir la ilusión de la perfección. Cuando me esforcé más, la ansiedad empezó a volverse contra mí. Ahora entiendo que era la forma que tenía mi cuerpo de decirme que estaba viviendo de una forma que ya no podía sostener. Me estaba quemando en todos los sentidos. No entendía el mensaje, así que seguí forzándome porque era lo único que sabía hacer, y había demostrado su eficacia una y otra vez. A lo largo de los años, experimenté momentos de felicidad y alegría; sin embargo, también tuve ciclos de intensa ansiedad y depresión, que se manifestaban en forma de dolores de estómago, dolores de cabeza por tensión, falta de sueño y apetito —o comer y dormir en exceso—, pensamientos negativos y pérdida de cabello. Estaba en negación; esta negación provenía de la falta de conocimiento, del estigma asociado a los trastornos mentales, de la vergüenza de pensar que algo podría estar mal en mí, y del miedo a lo que pensaría la gente. ¿Era yo una falsa? ¿Era normal? ¿Y qué es lo normal?

La ansiedad es un sentimiento normal como muchos otros que experimentamos. Sin embargo, si se encuentra constantemente preocupado, eligiendo entre el peor de los escenarios posibles, afectado por las cosas que no puede controlar, incapaz de dormir porque envió un correo electrónico con un error tipográfico al profesor de su hijo y ahora se siente como un padre incapaz, entonces tenemos que ver qué podemos hacer para ayudarle a vivir una mejor calidad de vida. A veces, la ansiedad y la depresión pueden gestionarse con un plan de bienestar que puede ayudarle hasta que esté más relajado y en control de sus emociones, creado en colaboración con un profesional médico cualificado. Otras veces, puede necesitar un tratamiento recurrente y eso está perfectamente bien. Se trata de un concepto sencillo, pero que ha sido malinterpretado por los estigmas mentales que ha creado la sociedad. Seamos sinceros, la única razón por la que existe un estigma es porque nosotros lo creamos. No estamos locos porque busquemos mejorar nuestra salud mental. Usted no dudaría en ir al médico si sospechara que tiene diabetes, ¿verdad? Si está en las primeras fases de la diabetes, puede controlarla cambiando su dieta y haciendo ejercicio. Además, si tu cuerpo necesita insulina, tomarías la medicación en forma de píldora o incluso de inyección, tal y como te la han recetado, sin dudarlo. ¿Por qué habría de tratarse de forma diferente la ansiedad o cualquier lucha mental?

El propósito de este libro es animarle a hacer de su salud mental una prioridad. La mente es muy intrincada. Los acontecimientos traumáticos y los antecedentes familiares de salud se han vinculado a las enfermedades mentales, pero puede haber otros contribuyentes desconocidos. Según la organización sin fines de lucro Mayo Clinic, aún no se comprenden las causas subyacentes de los trastornos de ansiedad; sin embargo, el manejo temprano o continuo de la ansiedad puede ayudar a prevenir el desarrollo de otras condiciones mentales y físicas. No puedo enfatizar lo suficiente la importancia de luchar contra el estigma asociado con las dificultades mentales, promover un estilo de vida saludable, vivir de forma consciente y tomar la iniciativa hacia el bienestar.

NOTA IMPORTANTE:

Sufrir de ansiedad y depresión no es lo mismo que sentirse suicida. Si tú o alguien que conoces tiene pensamientos suicidas, ponte en contacto con la Línea Nacional de Prevención del Suicidio o llama al 911 inmediatamente. Si no estás en los Estados Unidos, llama a la policía local o al servicio de urgencias médicas.

– CAPÍTULO 1 –

RANGO DE ANSIEDAD

Cada emoción tiene un propósito específico en nuestras vidas. Esto es lo que nos diferencia de los robots y los maniquíes. Las emociones no son ni buenas ni malas; nos ayudan a procesar momentos, situaciones y cualquier cosa ante la que nuestra mente reaccione de forma natural. Las emociones intensifican nuestras experiencias y deben expresarse de forma saludable. Si estás feliz porque has adoptado un cachorro, entonces celébralo, sonríe, siente el amor, juegue con el cachorro. Si estás triste porque has perdido a un ser querido, llora y haz el duelo. Cuando reconoces y procesas las emociones, estás practicando una buena salud mental. Sin embargo, si una emoción empieza a manifestarse de forma intensa, produciendo pensamientos negativos, afectando a tus actuaciones diarias, conduciendo a un comportamiento poco saludable o a un dolor físico, tienes que hablar y buscar ayuda. Es más fácil decirlo que hacerlo, ¿verdad? Cuando estás experimentando dificultades mentales, probablemente lo último que quieres es hablar y ser juzgado. Sin embargo, recuerda que no debes avergonzarte por expresar cómo te sientes, y que es tu responsabilidad cuidarte. Nadie debería vivir triste, con dolor, ansioso o deprimido todo el tiempo. Sí, las situaciones ocurren, pero estamos hechos para superarlas, seguir hacia adelante y vivir la mejor vida posible.

Enfrentarme a la ansiedad de niña fue mucho más fácil que de adulta. Tenía una mente muy decidida, casi sin miedo, sin importar el resultado. Mis recuerdos de la infancia son vívidos. Describo a mi versión más joven como resistente, con alguna inseguridad física ocasional y necesidad de atención. Crecí en un entorno similar al de una granja, con cerdos y gallinas, mucha vegetación, flores y frutas que podía comer en el momento. Al ser hija única y con una gran imaginación, la ansiedad era mi amiga. Veía toronjas en un árbol alto y mi instinto me ayudaba a decidir si el riesgo valía la pena. Mi proceso de pensamiento era algo así: "Si me subo al árbol, podría caerme. Sin embargo, lógicamente soy una buena escaladora, y si me caigo, aterrizar en la hierba probablemente no me dolerá tanto". Mientras trepaba para alcanzar las toronjas, la sensación de ansiedad por lograr la tarea sin caer me mantenía alerta. Poder tomar la fruta de la copa del árbol para comerla sin ayuda era emocionante, y la recompensa era deliciosa.

Alrededor de los ocho años, practiqué karate y lo hice durante un total de seis años. Justo antes de cada torneo, la ansiedad se apoderaba de mí. Los nervios me hacían ver y rendir al máximo. Gané muchas medallas y trofeos, ¡y la mayoría de los combates eran con chicos! En 1992, gané un cinturón de Gran Campeón en la competición de desafío abierto de Puerto Rico y salí en la sección de deportes de un periódico local. Ganar fue emocionante, y tenía un aspecto intimidante aunque por dentro estaba nerviosa. En las artes marciales nunca le muestras a un oponente que estás asustado, sino que le muestras que estás preparado para luchar. Irónicamente, este deporte fue el primero en exponerme a la meditación y a las formas (katas), dos actividades que promueven la relajación. Sin embargo, el aspecto ferozmente competitivo de este deporte me hizo relacionar el hecho de mostrar emociones con la debilidad. A esta edad, aparte del deporte, también percibía de la gente en general que expresar los sentimientos era una vulnerabilidad. Nadie quiere oír las dudas o las emociones negativas de un niño porque se tiene la percepción de que los niños no saben nada de la vida todavía.

A lo largo de toda mi experiencia académica en la escuela, fui una estudiante sobresaliente. Estudiaba la noche antes de cada examen, aunque conociera todo el material, porque la ansiedad me recordaba que podía haber algo que se me escapara, y yo quería hacerlo bien. Me gradué con un diploma de escuela superior y un certificado de escuela vocacional de asistente de contable el mismo año que me alisté en la Marina de los Estados Unidos. Conseguí todo esto mientras también trabajaba a tiempo parcial y me recuperaba de un corazón roto causado por una relación romántica tóxica en la adolescencia. Se podría decir que el nivel de ansiedad que experimenté era normal para las situaciones descritas.

No estoy segura de saber siquiera lo que era la ansiedad, ya que la sentía más bien como preocupaciones o miedos justificados y recurrentes. No sé si la búsqueda de ayuda podría haber evitado el trastorno de ansiedad, pero sin duda me habría ayudado a entenderlo y gestionarlo mejor. Mirando hacia atrás, reconozco la soledad y los obstáculos por los que pasé al intentar lidiar con la ansiedad por mi cuenta, a pesar de tener acceso a recursos y personas que se preocupaban. Probablemente fue el orgullo o la vergüenza lo que me detuvo. Dado que descartamos o tememos lo que no entendemos, la educación es el mejor lugar para empezar.

Anxiety.org define la ansiedad como *"la reacción de la mente y el cuerpo ante situaciones estresantes, peligrosas o desconocidas"*. Es la sensación de intranquilidad, angustia o temor que se siente antes de un acontecimiento importante. Un cierto nivel de ansiedad nos ayuda a mantenernos alerta y conscientes, pero para quienes sufren un trastorno de ansiedad, la sensación dista mucho de ser normal: puede ser completamente debilitante.

No soy médico, pero ésta es mi definición personal: La ansiedad es el sentimiento que me quita la confianza, me frustra y me enferma físicamente. La ansiedad era un animal salvaje en mi mente que aterrorizaba todos los esfuerzos que ponía para crear una vida buena y de calidad. Me saboteó hasta que me di cuenta de que necesitaba atención, amor y comprensión. La ansiedad sigue existiendo y seguirá existiendo, pero he conseguido domesticarla y, por tanto, hacer las paces con ella.

Supongo que usted tampoco es médico y está tratando de encontrar información con la que pueda identificarse. Tal vez podría elaborar su propia definición de ansiedad basándose en cómo le ha afectado la ansiedad. La buena noticia es que no tienes que hacer todo este trabajo por ti mismo. Hay muchos profesionales y recursos disponibles para ayudarte.

Me gustaría aclarar que buscar recursos o acudir a un profesional de la ayuda mental no significa que se vaya a medicar automáticamente o que le vayan a quitar a sus hijos. El comentario número uno que escucho de la gente cuando sugiero buscar ayuda mental es que no quieren medicarse. También pueden ponerse a la defensiva y afirmar que no necesitan un médico porque tienen una mente fuerte o su ansiedad no es tan grave. Lo entiendo, ya que yo también solía decir lo mismo cuando la gente empezaba a detectar que estaba tensa. Tampoco sabía cómo empezar la conversación. Sin embargo, la manera de empezar cualquier conversación incómoda, embarazosa o difícil es empezarla así. Por muy incómoda que sea esta conversación, ejemplos de cómo abrir la conversación son:

> *No sé por qué me siento así, pero_____;*
> *me siento inquieto, decaído o me da vergüenza decir*
> *que_____.*

Otra forma de lidiar con la incomodidad es hacer una cita con un profesional de la salud y dejar que te haga preguntas o llenar el cuestionario de antecedentes. Si puedes expresarlo todo, hazlo. Si eres como yo, que llora fácilmente cuando se emociona, entonces escríbelo en un papel y entrégalo. Lo he hecho más de una vez y me ha ahorrado tiempo y energía. Comunicar cómo te sientes es el punto de partida para encontrar soluciones y liberar lo que se ha acumulado por dentro. Ten compasión de ti mismo y honra tus sentimientos; te mereces una buena vida libre de preocupaciones, tristeza y miedo.

Lo ideal sería que la evaluación de la salud mental fuera tan sencilla como hacer preguntas de autoevaluación sobre los sentimientos y el estado de ánimo, pero es algo más que eso. Hay que tener en cuenta otros aspectos. ¿Tiene otros problemas médicos que puedan causar ansiedad o depresión? Algunos problemas de salud física y mental pueden provocar ansiedad como indicación de que algo más está sucediendo o puede ser secundario a otro problema de salud. El dolor crónico de espalda y cuello me ha provocado ansiedad. Me considero una persona físicamente activa a pesar de mis problemas médicos. Cuando me duele el cuerpo, la ansiedad aparece para recordarme todas las cosas que tengo que hacer, y el dolor es un inconveniente que me atrasa. La idea de que mi cuerpo se estropee aun siendo joven es frustrante. ¿Está tomando algún medicamento que tenga como efecto secundario la ansiedad o la depresión? Si es así, debe llamar a su médico para hablar sobre el medicamento y de la posibilidad de cambiar a una dosis más adecuada o a un medicamento diferente. Es muy importante que no modifique o deje de tomar el medicamento por su cuenta. Consulte siempre a su médico.

¿Tiene antecedentes familiares de problemas de salud mental? Esto no significa que vaya a padecer automáticamente un problema de salud mental heredado, pero es más probable que lo sufra que alguien que no tiene antecedentes familiares. Como nota al margen, nuestras familias desempeñan un gran papel en la salud mental, ya que los entornos en los que crecimos, las creencias que nos enseñaron, las situaciones que experimentamos y otros factores contribuyen a nuestro desarrollo mental. Vale la pena mencionar de nuevo, que las luchas mentales pueden ocurrir incluso si usted tuvo la infancia "perfecta" o si está viviendo una buena vida.

¿Cuáles son sus síntomas de ansiedad? ¿Cuándo empezaron? ¿Con qué frecuencia se producen? ¿Es capaz de detectar un patrón? ¿O son síntomas que se presentan en momentos imprevisibles? A menudo, ignoramos los síntomas esperando que desaparezcan por sí solos. Los síntomas son la forma que tiene nuestro cuerpo de hacernos saber que algo está ocurriendo y que debemos prestar atención.

¿Ha sufrido un trauma y no ha hablado con nadie de ello? Si es así, pida una cita lo antes posible con un profesional de la salud mental. No hay ninguna razón por la que deba pasar por algo emocionalmente solo. El proceso de sanación puede ser duro pero es necesario. Hablar de ello es el primer paso. Yo lo aprendí por las malas. Hubo situaciones en mi vida de las que nunca hablé porque estaba en ambientes poco amigables o porque había estado reprimiendo las emociones para olvidarlas. Esas emociones resultaron en ataques de pánico pues todo lo reprimido a la larga salió en los momentos menos inesperados.

¿Está experimentando una abstinencia de drogas, alcohol o medicamentos? Estas sustancias pueden causar o empeorar la ansiedad. Consulte a un médico para que le ayude a dejar dichas sustancias. Un médico le orientará, controlará su estado de salud general y actuará como socio responsable. Cuando estaba en el ejército, me trataron con un relajante muscular por una lesión que en ese momento no estaba bien diagnosticada. Cada vez que intentaba dejar la medicación, mi nivel de ansiedad aumentaba ampliamente... En otras palabras, era adicta al relajante muscular.

Cuando te reúnas con un profesional de la salud mental, debes tener toda esta información a mano porque el médico sólo tiene un tiempo limitado contigo. Lo que le digas le ayudará a dar una mejor evaluación y a crear un plan para seguir adelante. Si crees que necesitas más tiempo con un profesional, pide una segunda cita. Si no estás satisfecho con un profesional, busca otro. Asegúrate de seguir tu intuición; si crees que necesitas una segunda opinión, hazlo. La gente a veces se desanima de su primera cita porque no era lo que esperaba. Esta dificultad puede resolverse no creando expectativas y no pensando que todo se va a "arreglar" en una sola visita. No hay "arreglo" inmediato, pero sí un proceso para el bienestar. Esperar un "arreglo" inmediato sólo crea más ansiedad e impaciencia. Un problema de salud mental debe ser mirado y tratado con seriedad, sin prisas, y recuerda eliminar el estigma. Se siempre amable contigo mismo y cuida tu salud.

Llame a su médico, busque un profesional médico en su zona o póngase en contacto con su seguro médico para que le ayude a encontrar un profesional de la salud mental. También tiene la opción de hablar con profesionales que no sean de salud mental, como un trabajador social, un consejero escolar, un asesor espiritual, la familia, los amigos o el coordinador de un programa de asistencia laboral, pero no deben darle consejos médicos. Aunque los no profesionales de la salud mental proporcionan un buen apoyo y recursos, necesitas ver a un médico si tus síntomas son difíciles de controlar y la ansiedad está interfiriendo negativamente en tu trabajo, relaciones personales y salud física.

Una vez que te reúnas con un profesional de la salud mental, es posible que te haga una evaluación psicológica. Debes ser muy sincero. No te sientas juzgado por tus respuestas. Incluso si algunos de tus pensamientos o preocupaciones son irracionales, y lo sabes, tienes que expresarlos. Un profesional sólo puede ayudarte en la medida en que tú se lo permitas. No te reprimas. No te da vergüenza de decirle a tu dentista que no te pasas el hilo dental todos los días; tal vez mientas, pero el dentista sabrá si esto es cierto cuando te revise. Por desgracia, un profesional de la salud no puede ver tu mente, así que depende de ti contar todo lo que puedas para obtener el mejor diagnóstico y atención. Si lloras a menudo porque estás abrumado por las responsabilidades de la vida, dilo. Si el estrés te está afectando físicamente, dilo. Si te sientes fracasado, ya no encuentras la alegría de hacer las cosas que solías hacer, dilo. No eres una mala persona; sólo necesitas ayuda y orientación hasta que seas capaz de gestionar tus emociones de forma eficaz por ti mismo. Si te diagnostican un trastorno mental, no es de preocuparse. Muchas personas viven una vida exitosa mientras manejan sus trastornos mentales. Como he mencionado antes, las luchas mentales son más comunes de lo que nosotros, como sociedad, admitimos. Por suerte, podemos aprender, tratar y manejarlas para poder vivir una vida maravillosa y de buena calidad.

He aquí algunas preguntas para una rápida verificación de la presencia de ansiedad:

- ¿Se preocupa a diario por si algo va mal? Cuando se preocupa, ¿experimenta algún síntoma físico?

- ¿Se preocupa con tanta frecuencia que afecta a sus relaciones? ¿La gente evita contarle cosas porque se preocupa demasiado?

- ¿Sus preocupaciones no le dejan dormir?

- ¿Sus preocupaciones y miedos le impiden hacer cosas que le gustaría probar? ¿Karaoke? ¿Solicitar el trabajo de tus sueños? ¿Pedirle una cita a alguien?

- ¿Es incapaz de relajarse por sí mismo o de calmar su estrés? ¿Sin medicación, alcohol o cualquier sustancia que pueda alterar su equilibrio mental?

- ¿Se siente terriblemente incómodo entre mucha gente, evita asistir a reuniones sociales o no le gusta conocer a gente nueva?

- ¿Su rendimiento laboral se ve afectado por la ansiedad? Por ejemplo, no es capaz de participar en reuniones, hacer presentaciones, está visiblemente nervioso y se siente avergonzado por ello. Tal vez no presente nuevas ideas porque teme el rechazo.

El control de la ansiedad es importante. Si ha respondido negativamente a la mayoría de estas preguntas, está gestionando bien la ansiedad, pero le animo a seguir aprendiendo sobre el bienestar mental y a ayudar a los demás en la medida de sus posibilidades. Si ha respondido afirmativamente a la mayoría de las preguntas, aumente sus conocimientos sobre la salud mental, aprenda habilidades para lidiar con la ansiedad y reúnase con los profesionales de la salud adecuados para crear un plan de bienestar.

ALIVETTE VIGO

– CAPÍTULO 2 –

DESÓRDENES MENTALES

No tener el control de tus propias emociones es aterrador. Cuando la ansiedad se descontrola, conduce a otros trastornos mentales. Precisamente por eso el control de la ansiedad es tan importante en su vida. Debe mantener el control de sus emociones, no al revés. Su rutina diaria no debe incluir luchas mentales. Si se encuentra pensando repetidamente en imágenes, situaciones y pensamientos que no le sirven para nada, hay un problema. Si esos pensamientos se convierten en miedos y preocupaciones irracionales, o parecen intensos, exagerados u obsesivos, y afectan a su rendimiento diario o le impiden actuar, necesita atención médica. Si no es capaz de controlar la ansiedad, reconózcala y empiece a entenderla para poder trabajar en ayudarse a sí mismo a sentirse mejor, recuerde que es su responsabilidad cuidar de su cuerpo y no hay que avergonzarse de ello.

Según la Alianza Nacional de Enfermedades Mentales, *"los trastornos de ansiedad son el problema de salud mental más común en Estados Unidos"*. Si le diagnostican un trastorno de ansiedad, debe tener comprensión por usted mismo y enfoque siempre su tratamiento desde un lugar de amor. Digo esto porque probablemente no querrá escuchar que tiene un trastorno —¡yo no lo quería! No entendí el concepto de autocompasión hasta que una noche me encontré llorando en el suelo, hiperventilando, experimentando un ataque de pánico. Como era tarde y estaba sola, me grabé en el iPhone. En ese momento, mirarme a mí misma me hizo sentirme acompañada. Dos días más tarde, vi el vídeo y sentí mucho amor por lo que veía; era el tipo de amor tan tierno que sólo puedo describir como si estuviera viendo a una niña desesperadamente necesitada de alimento, protección y aceptación. Hizo falta un vídeo de mi propio ataque de pánico para abrir mis ojos y mi corazón a la autocompasión. Verme así me proporcionó un sentimiento instantáneo de profundo amor propio del que no sabía que era capaz. Siempre hay más de una manera de ver cualquier cosa, y el hecho de que fuera capaz de tomar este ataque de pánico y elegir verlo con compasión y amor es extraordinario. Me gustaría decir que cada pensamiento o emoción negativa ha sido recibida con gracia, pero no ha sido así. He experimentado tres ataques de pánico intensos que puedo recordar, y el resto he podido evitar que se intensificaran con algunas estrategias de bienestar que mencionaré en capítulos posteriores.

Mi primer ataque de pánico intenso ocurrió en el trabajo. Estuve tensa, frustrada y ansiosa durante meses. Un día, tenía una reunión trimestral con mi jefe y empecé a sentir nervios en el estómago. Había algo en la conversación que percibía como injusto, y creo que ese fue el desencadenante. Poco a poco, sentí que me faltaba el aire al hablar y el tono de mi voz cambió. Me excusé para ir al baño. De camino al mismo, sentí que mi pecho no se expandía al inhalar; me estaba asfixiando y necesitaba aire inmediatamente. No hace falta decir que había aire a mi alrededor, pero sentía que no podía respirarlo. Una sensación de calor cubrió mi cara y mi cuello, que pronto se sintió ardiente. Una necesidad urgente de salir al exterior se apoderó de mí; me sentía desesperada por el aire y estaba hiperventilando. Corrí hacia el ascensor, no podía hablar y noté que tenía la cara y la blusa mojadas. No sabía que estaba llorando (según los compañeros de trabajo, un llanto dramático). Intentaba esconderme de todo el mundo, y el ascensor tardó lo que parecía cien años en abrirse. Una vez que salí del edificio, caminé a toda velocidad hasta una zona de césped donde pude sentir que volvía a respirar nuevamente y, poco a poco, mi cuerpo empezó a calmarse. En ese momento, creo que estaba sentada o acostada en la hierba. No tenía el control de lo que estaba sucediendo y, lo que es peor, no podía detenerlo. Años de descuidar mis luchas mentales finalmente me alcanzaron, y ya no podía ignorarlas.

Mi empleador pagó ocho sesiones de asesoramiento sobre el manejo del estrés como parte del programa de ayuda al empleo que ofrecía. Al principio, me obstiné en asistir a las sesiones de asesoramiento con un psicólogo porque me parecía que el empleador se dirigía a mí y no al entorno laboral. No importa el argumento que explicara; la verdad es que mientras trabajaba en un entorno estresante, yo fui la única que sufrió un ataque de pánico. Todos los demás empleados podían controlar sus niveles de estrés y ansiedad mientras yo luchaba.

El asesoramiento resultó ser más valioso de lo que esperaba. Al principio no era evidente, pero después de unas cuantas sesiones empecé a ver mejoras. Empecé a entender mejor por lo que estaba pasando y esta vez me enfrenté a ello. Para mi sorpresa, descubrí que había más cosas en mi mente que me molestaban, y algunas de las situaciones en el trabajo estaban desencadenando emociones reprimidas. Durante las terapias psicológicas, salieron a la luz situaciones de décadas anteriores a las que nunca me había enfrentado. Reprimí mis sentimientos hasta que mi cuerpo dijo: "¡Basta! Ahora vas a lidiar con todo esto", y así lo hice. Me comprometí a dar prioridad a mi salud mental para poder gestionar mejor mis emociones. Un consejo: presta atención a tu salud mental antes de que tu cuerpo te ponga en acción, lo que puede ocurrir en un lugar inoportuno y en cualquier momento. Empieza hoy mismo, cuanto antes trabajes en tu bienestar mental, mejores resultados obtendrás. Haz el esfuerzo y ten paciencia. Las prácticas de bienestar funcionan con tiempo y constancia.

La ansiedad intensa debe ser evaluada para su diagnóstico y tratamiento adecuado. En el pasado me habían diagnosticado un trastorno de ansiedad general y atribuía mis "episodios" a él. Sin embargo, a medida que me abría emocionalmente sobre mis experiencias, el diagnóstico de TEPT se hizo más evidente. En los seis meses siguientes al primer ataque de pánico, experimenté dos más, y entre ellos, frecuentes ciclos de ansiedad y depresión. Durante un tiempo, viví con el temor de experimentar otro ataque de pánico en cualquier momento, sin previo aviso. Tenía mucho miedo de no tener el control o de perder la cabeza. Seguí yendo a terapia. Luego empecé a tomar un medicamento recetado por el médico y a prestar atención a cómo me sentía alrededor de la gente y en diversos lugares y situaciones.

Un rango normal de ansiedad se asocia con nerviosismo leve, excitación y algo de preocupación. Cuando la ansiedad es un trastorno, el diagnóstico, el tratamiento y las prácticas de bienestar son imprescindibles. A modo de información, me gustaría mencionar algunos trastornos comunes:

El trastorno de ansiedad generalizada es difícil de negar para mí. Durante un examen de certificación, estaba tan preocupada por responder y repasar cada pregunta que me quedé sin tiempo durante el examen y reprobé. Durante todo el tiempo que duró el examen, sentía los latidos de mi corazón, no dejaba de mirar la hora e incluso dudaba si debía haber escrito mi nombre completo o mi sobrenombre en la página de registro. La segunda vez que hice el examen, aprobé, pero no dormí la noche anterior, tuve dolor de estómago y vomité en el estacionamiento cuando llegué al centro de exámenes. Debería ser capaz de hacer un examen, por muy importante que sea, sin enfermarme físicamente.

El trastorno de ansiedad generalizada lleva los miedos y las preocupaciones muy lejos de la realidad.

El trastorno del estado de ánimo por depresión provoca una tristeza persistente y la falta de interés por las cosas que normalmente haces o te gustan. Experimento la depresión en ciclos que han durado entre uno y tres meses cada vez. Me invade un sentimiento de tristeza que se mantiene durante un tiempo. No quiero salir de la cama ni de casa, no quiero socializar y no encuentro alegría ni nada que me guste. Sigo siendo capaz de funcionar para el trabajo y las tareas de la vida diaria porque me obligo a hacerlo. Todavía tiendo a aislarme y aparento triste o enfadada (según me cuentan la gente que me conoce). Durante estos momentos bajos, hago lo mínimo y una cosa a la vez para seguir adelante. Mi cuerpo se siente pesado y puedo dormir fácilmente de doce a catorce horas al día.

Los trastornos de pánico son más bien episodios recurrentes de ataques de pánico. Las experiencias de cada persona pueden ser diferentes. Mis síntomas fueron los mismos cada vez, exactamente como los describí antes en mi entorno laboral. Como experimento los ataques de pánico de la misma manera, puedo identificar cuándo se producen y empezar a trabajar para calmarme con lo que he aprendido y las prácticas de bienestar para evitar que se intensifiquen.

Otros trastornos comúnmente conocidos que no he experimentado (pero que conozco):

El trastorno de ansiedad por separación suele asociarse a los niños que se separan de sus padres.

El trastorno de ansiedad social hace que los individuos se sientan atemorizados por las situaciones sociales debido a la sensación de vergüenza y cohibición.

Fobias específicas que provocan una intensa ansiedad ante un objeto o una situación concreta. He conocido a personas con distintos tipos de fobias a las serpientes, las ranas, las cucarachas y a cruzar puentes. Encuentro a la persona con fobia a cruzar puentes (geofobia) interesante pues busca rutas alternas para evitar los puentes, ya que teme que el puente se caiga mientras conduce por él. Sin embargo, no tiene miedo a volar en avión, pero no se sube a un tren si la ruta pasa por un puente.

Este tema me parece interesante. En general, entendemos qué es la ansiedad, cuándo es saludable y cuándo no. Debemos tener compasión por nosotros mismos y no sentirnos avergonzados por buscar ayuda profesional o hacernos evaluar. Aunque hemos avanzado a lo largo de los últimos años en el tema de los trastornos mentales, tenemos que seguir eliminando una de las principales razones por las que la gente no actúa en favor de su salud mental; el estigma asociado a los problemas de salud mental. Este estigma suele provenir de ideas erróneas y de la falta de información. Una vez que aprendamos más sobre la salud mental y nos deshagamos de la negatividad asociada a ella, todos nos sentiremos más cómodos hablando de ella y trabajando por el bienestar.

– CAPÍTULO 3 –

EL ESTIGMA

Antes de comprender que tenía un trastorno de ansiedad, pensaba que era insegura, demasiado preocupada, sensible o que tenía una personalidad débil. También me sentía culpable por lo que percibía como no estar contenta con lo que era bueno en mi vida. Me consideraba rica sólo por tener agua corriente. Hay muchas partes del mundo que no tienen acceso a ella. El agua es vida, ¿no es suficiente? La variedad de emociones contradictorias fueron una batalla constante que se prolongó durante años en mi mente. Me mantenía ocupada todo lo posible para no estar sola con mis pensamientos. Cuanto más cansada estaba al final del día, menos tiempo tenía para pensar. Básicamente, me distraía para evitar ocuparme de mis pensamientos. Cuanto más productiva era, mejor me sentía. Si tenía logros en mi vida personal y en el trabajo, eso significaba que estaba bien, ¿cierto? Tenía gente que me quería, un trabajo estable, había servido en el ejército, me había graduado en la universidad, me había casado, había dado a luz a una preciosa hija, tenía una casa impecable y un coche. Básicamente, estaba viviendo el sueño americano. El esfuerzo que puse en convencerme a mí misma de que todo estaba bien me pesaba y era muy agotador.

Hubo periodos en los que quería aislarme, me estresaba, sentía dolores corporales, no tenía energía, no dormía bien por la noche y dudaba de todos los aspectos de mí misma. Me sentía inadecuada hiciera lo que hiciera. No compartía mis sentimientos con nadie. Me avergonzaba y lloraba mucho en la ducha, sobre todo porque no entendía por qué me sentía así y no sabía cómo solucionarlo. A menudo me preguntaba si debería hacer algo más con mi vida. Mientras crecía, siempre trabajaba para alcanzar una meta o lograr el siguiente hito en la vida. Sin tener una meta o una forma de ser reconocida, me sentía decepcionada conmigo misma. Mirando hacia atrás, si hubiera buscado ayuda profesional a los veinte años, habría aprendido a gestionar mejor mi estado mental, mucho antes. La razón por la que no pedí ayuda es por los estigmas en torno a la salud mental.

La Asociación Americana de Psiquiatría ofrece clases de estigmas de salud mental a partir de una revisión de estudios que demuestran que, aunque el público puede aceptar la naturaleza médica o genética de un trastorno de salud mental y la necesidad de tratamiento, muchas personas siguen teniendo una visión negativa de quienes padecen enfermedades mentales. Los investigadores identifican diferentes tipos de estigmas:

- **El estigma público** se refiere a las actitudes negativas o discriminatorias que los demás tienen sobre la enfermedad mental.

- **El autoestigma** se refiere a las actitudes negativas, incluida la vergüenza interiorizada, que tienen las personas con enfermedades mentales sobre su propia condición.

- **El estigma institucional** es más sistémico e incluye las políticas de las organizaciones gubernamentales y privadas que, intencionadamente o no, limitan las oportunidades de las personas con enfermedades mentales.

Estos estigmas impiden que las personas que necesitan ayuda la busquen. Tenemos que trabajar para eliminarlos, educándonos y haciéndonos sentir cómodos al hablar de los problemas de salud mental. Para aliviar algunos de los conceptos erróneos, me gustaría abordar algunos de estos estigmas desde mi punto de vista:

> *Si buscas ayuda por cuestiones mentales, significa que estás loco.*

Si está buscando ayuda, significa que está preocupado y se interesa por sí mismo lo suficiente como para adquirir una opinión profesional, independientemente del tipo de problema médico que esté experimentando. Si es proactivo, acude a un médico anualmente para que le haga un examen de salud general, incluida su salud mental. Actuar responsablemente con su cuerpo es cuidarlo.

> *Si buscas ayuda por problemas mentales, te medicarán.*

No todo el mundo recibe medicación después de acudir al médico. Se puede sugerir la psicoterapia, es decir, el asesoramiento. Si necesita medicación, le sugiero ampliamente que acuda a un psiquiatra, ya que es su especialidad. Personalmente, me benefician tanto de la psicoterapia como los medicamentos. Es posible que tenga que probar diferentes métodos para determinar lo que funciona mejor para usted, pero no se desanime. Todos somos únicos, y debe trabajar con su especialista hasta que esté satisfecho con su tratamiento. Para abordar esta idea errónea más a fondo, si usted va a cualquier médico por cualquier razón, y siente que el médico le está medicando sin darle un examen adecuado, chequeos o pruebas, no dude en pedir una segunda opinión con un médico diferente.

> *No necesitas ayuda;*
> *sólo despéjate y sé fuerte.*

Las personas que hacen este tipo de comentarios no están en tu lugar. Sus intenciones pueden ser las de levantarte, pero en lugar de eso están disminuyendo tus sentimientos. Estoy de acuerdo en que hay que ser fuerte en la vida. Tienes que aprender mecanismos de afrontamiento y tener el sistema de apoyo adecuado para desarrollar y mantener tu fuerza mental. Sin embargo, las dificultades mentales pueden ocurrir por varias razones y escalar rápidamente. No son algo de lo que se pueda prescindir, sino que requieren atención médica.

> *No necesitas ayuda mental;*
> *sólo necesitas tener fe y rezar.*

Nunca subestimaré el poder de la oración porque lo he visto funcionar en muchas situaciones. Sin embargo, este es mi consejo: ten fe, reza y busca atención médica. No entiendo por qué tienes que elegir entre los recursos disponibles cuando todos ayudan de diferentes maneras.

> *Una vez que tienes un problema mental,*
> *siempre tendrás un problema mental.*

Aprender a gestionar tu ansiedad a tiempo puede evitar que empeore. A veces, las personas tienen ansiedad o depresión situacional que puede tratarse durante un tiempo y el tratamiento puede detenerse una vez que los síntomas de la persona mejoren. Un ejemplo de esto es enfrentarse a la muerte de un ser querido o a la pérdida de un trabajo.

> *Las personas con problemas mentales no pueden funcionar en la sociedad.*

Esto puede decirse de cualquier problema médico que no se trate. Nadie puede funcionar bien si tiene dolor o un problema médico sin tratar. Pero si el dolor y los problemas se controlan y se cuidan adecuadamente, las personas pueden ser productivas. Muchas personas de nuestro entorno con problemas mentales tienen un trabajo diario y crían a sus hijos con eficacia. Yo soy una prueba de ello, y puedo nombrar a muchas otras personas de mi entorno laboral, mi familia, mis grupos de apoyo y mi vecindario que pueden dar fe de ello. De hecho, la mayoría de las personas más productivas que desempeñan múltiples funciones en la sociedad son las que se agotan y desarrollan problemas de estrés y ansiedad debido al estilo de vida que llevan. Todo trabajo y nada de descanso.

> *Las personas con problemas mentales son peligrosas.*

Esta idea probablemente proviene de las películas o de los medios de comunicación. La mayoría de las personas con problemas mentales, por desgracia, luchan en silencio. Ni siquiera se sabe que están luchando. No niego que algunas personas puedan ser imprevisibles y peligrosas incluso para ellas mismas. Pero por eso es importante cambiar el estigma para que la gente se sienta cómoda buscando ayuda. Si podemos llegar a las personas en una fase temprana de sus luchas mentales, podemos ayudarles a gestionar sus problemas y evitar que empeoren.

El Treatment Advocacy Center es una organización nacional sin fines de lucro dedicada a eliminar las barreras que impiden el tratamiento oportuno y eficaz de las enfermedades mentales graves. Un documento de referencia publicado, titulado *Risk Factors for Violence in Serious Mental Illness*, resume los resultados de cuarenta y cinco estudios de investigación diferentes realizados en distintos países, incluidos los Estados Unidos, y concluye con los siguientes resultados relacionadas específicamente con la enfermedad mental y la violencia:

> "La mayoría de los individuos con enfermedades mentales graves no son peligrosos. La mayoría de los actos de violencia son cometidos por individuos que no tienen una enfermedad mental. Los individuos con enfermedades mentales graves son víctimas de actos violentos con más frecuencia que los que cometen. No hay pruebas que sugieran que las personas con enfermedades mentales graves que reciben un tratamiento eficaz sean más peligrosas que los individuos de la población general".

> **Sólo se desarrollan problemas mentales si se experimenta un trauma.**

Los problemas mentales pueden desarrollarse a partir de desequilibrios químicos en el cerebro, secundarios a otros problemas médicos o eventos situacionales y sí, eventos que pueden resultar en un trauma. Algunos problemas mentales pueden ser de corta duración mientras que otros pueden durar más tiempo. Las personas que han sufrido un trauma a cualquier edad corren un mayor riesgo de desarrollar un trastorno de ansiedad, que puede producirse justo después del episodio traumático o en cualquier momento posterior de sus vidas. Recibo reacciones mixtas de la gente cuando digo que me han diagnosticado TEPT. Algunos esperan que les cuente historias militares en el campo de batalla recibiendo disparos y se sorprenden al oír que serví en un barco, en el océano "lejos" del conflicto armado. No me desviaré del tema principal, pero aclararé rápidamente que el conflicto no sólo existe sobre tierra y que muchos militares que tienen trabajos en zonas "más seguras" también han sufrido traumas. Es la naturaleza de la misión y el entorno.

Los trastornos mentales no son visibles en las personas, ni podemos calcular situaciones o tipos de trauma para determinar si alguien tiene "derecho" a desarrollar un trastorno mental. Todos somos únicos, puede haber varias personas que experimenten el mismo acontecimiento traumático, y se puede ver cómo lo manejan emocionalmente de forma diferente. Si usted experimentó un evento traumático y necesita hablar de ello, busque asesoramiento independientemente de cuándo ocurrió el evento.

No es depresión posparto, sólo estás cansada, emocional y acabas de ser madre.

Ni siquiera sé por qué existe un estigma en este ámbito, para empezar. El cuerpo de una mujer produce un bebé, y hay numerosos cambios asociados a ello. En todo caso, no reconocemos que la mujer tiene depresión porque pensamos que todo forma parte de la experiencia. Me recordaron que las mujeres han tenido bebés desde el principio de los tiempos sin ningún tipo de asistencia y estaban bien. ¿En serio? Y si esto se demuestra, ¿cómo puede ayudarme a sentirme mejor saber este hecho? La conclusión es que tenemos que apoyar a las mujeres que sufren depresión posparto y no hacerlas sentir menos madres o mujeres por ello.

Tenía tres meses de embarazo cuando acepté que estaba embarazada. Al principio lo negaba porque no tenía ningún síntoma, ni náuseas matutinas, solo un estreñimiento extremo. Durante todo el embarazo lloré mucho y fui muy emocional, lo que era consecuencia de las hormonas, según me dijeron. No sabía mucho sobre bebés. Era hija única, nunca había sido niñera y, cuando iba a las tiendas, me intimidaban los niños pequeños que lloraban o gritaban. Darme cuenta de que iba a ser la madre de alguien me hizo derrumbarme en el suelo llorando una vez.

Quería ser una buena madre; tenía miedo de no ser adecuada. Estudié la maternidad todo lo que pude y tomé clases de preparación al parto en el hospital local. Cuando tuve a mi hija, todos mis temores sobre la incapacidad desaparecieron. Sabía cómo cuidar de mi hija; era su madre y lo sentía. El parto de mi hija fue complicado y estuvimos dos semanas en el hospital. No se lo decía a nadie, pero temía que, con toda la gente que nos rodeaba —médicos, enfermeras diferentes cada cuatro horas, amigos e incluso el capellán militar—, uno de ellos pudiera llevarse a mi bebé. Esta es la primera vez que me enteré de la depresión posparto.

En un esfuerzo por calmar mis pensamientos y mis sospechas de síntomas de depresión posparto, expresé mis temores al médico cuando me preguntó cómo me estaba adaptando a la maternidad. Su respuesta fue muy clínica y nada reconfortante: "Si no mejoras en cuatro semanas, tendremos que medicarte para la depresión posparto", dijo el médico. "De ninguna manera", pensé, no iba a tomar medicación especialmente porque estaba amamantando a mi hija, y cualquier cosa que tomara se la pasaría a ella. No estaba deprimida; sólo estaba abrumada, me decía una y otra vez. Relacionaba el tener miedo y estar abrumada con fracasar como madre. Podía discernir que mis temores eran infundados, pero no podía controlarlos. Las semanas que siguieron fueron duras desde el punto de vista emocional, pero tenía apoyo a mi alrededor y a mi maravillosa bebé. La gente fue comprensiva con mis emociones porque están justificadas por la experiencia del embarazo. Con el paso del tiempo, los temores de que alguien se llevara a mi bebé se desvanecieron. Además, el hecho de ser madre me ayudó a quitarme la presión que ejercía sobre mí misma para estar siempre bien, porque ahora estaba cuidando de otro ser. Un ser que me recordaba cómo nacemos con alegría, sencillez y amor.

> *Las personas deprimidas son suicidas.*

Estar deprimido no es lo mismo que ser suicida. La depresión afecta al estado de ánimo y al rendimiento diario en general. La Fundación Americana para la Prevención del Suicidio informa de que —aunque la presencia de una enfermedad mental puede contribuir a aumentar el riesgo de suicidio, es importante señalar que la mayoría de las personas que viven con enfermedades mentales no morirán por suicidio.

Por otro lado, los pensamientos suicidas llevan a las personas a un lugar de desesperación y desesperanza. El suicidio puede aparecer como una solución para detener la mente, los sentimientos o un "arreglo" rápido a un problema. Sin embargo, este es un pensamiento o estado mental erróneo que no toma en cuenta el hecho de que los tratamientos adecuados ayudan, las soluciones a los problemas existen y las circunstancias cambian, ya que nada es eterno. Es necesario tener paciencia. La depresión puede llevar a pensamientos suicidas si no se trata. Es muy importante que sepas que siempre hay esperanza. Si tienes pensamientos suicidas, busca ayuda inmediatamente, no estés solo y permanece en un entorno seguro hasta que llegue la ayuda. Una vez que estés mejor emocionalmente, empieza a trabajar en un plan para cambiar tu situación, crea un sistema de apoyo y sigue las recomendaciones de un profesional de la salud mental.

La vida es una rueda de la fortuna constante. Sube y baja, a veces te gusta el viaje, pero a veces tienes ganas de vomitar. Cuando estás en la cima, puedes ver el panorama general. Cuando estás abajo, no ves mucho, pero sabes que al final subirá, sólo es cuestión de paciencia y de entender cómo funciona. Ahora bien, si la rueda de la fortuna no sube en absoluto, o tiene problemas de funcionamiento, es necesario repararla. Una vez reparada, la noria volverá a moverse como debe.

ALIVETTE VIGO

– CAPÍTULO 4 –

LO IMPENSABLE

Cuando era adolescente, mis relaciones amorosas eran muy intensas, apasionadas y, hasta cierto punto, poco realistas. Mi nivel de inmadurez, inseguridad y necesidad de ser aceptada me llevó a situaciones prematuras de adultos siendo aún una niña. No sé si fueron las telenovelas, las hormonas, las experiencias negativas del pasado o algo en el aire lo que me hizo ansiar las relaciones codependientes. Hubo una relación particularmente tóxica en mi vida; aunque sabía que claramente no era buena para mí, no podía alejarme de ella porque estaba locamente enamorada. Por eso, cuando me enteré de que una chica en la escuela había sido hospitalizada tras tomarse un bote de pastillas como consecuencia de la ruptura de su novio, lo entendí. Sentí empatía porque yo también consideré esta opción un año antes. Engañada, humillada, decepcionada y con el corazón roto

—mientras sostenía un frasco de pastillas en mis manos— pensé: "Él lloraría por mí durante unos meses y luego seguiría adelante". Ese pensamiento me hizo detenerme y sentirme estúpida. En el fondo, sabía que mis pensamientos eran erróneos; me sentía culpable por tener esos pensamientos, y la depresión se instaló. Bajé de peso, me teñí el pelo de rubio y me puse lentes de contacto azules. Mientras todo el mundo veía mi magnífica transformación física, yo lloraba por dentro.

No compartí esta experiencia con nadie porque me avergonzaba y lo negaba, pensando que no era para tanto. Típico comportamiento dramático de un adolescente, pensé. En aquel entonces, los factores de riesgo y las advertencias sobre el suicidio no eran un tema que se discutiera en las escuelas, las iglesias o en las cenas familiares. Todo lo que recuerdo es que era una adolescente deprimida y con el corazón roto que buscaba una dirección diferente en la vida. Quería empezar de cero en algún lugar nuevo, y con sólo trece dólares en mi cuenta bancaria, la Marina de los Estados Unidos parecía el camino perfecto para emprender una nueva dirección.

El verano del año 2000, me encontré sentada en un autobús de camino a la Estación Naval de Great Lakes, Illinois, para el entrenamiento básico con un montón de desconocidos. Parecía surrealista. No sé qué pasaba por la mente de los demás, pero en cuanto todos los reclutas bajaron del autobús, puedo decir que algunos ya se estaban arrepintiendo. Yo no, yo me apunté a todo. Las tres semanas siguientes fueron un reto porque mi inglés no era bueno. Podía entender algo, pero apenas podía articular frases. Por suerte, durante la formación básica apenas se habla. A mitad del entrenamiento, uno de mis compañeros de litera se tomó un frasco de pastillas y fue llevado al hospital con dolor. Hoy entiendo que este individuo tenía un estrés visible y experimentaba ansiedad, pero estábamos pasando por el campo de entrenamiento militar, un lugar al que se va para endurecerse y en el que no se debe mostrar debilidad. Me enteré de que esta persona se recuperó, fue dado de baja de la Marina y volvió a su casa.

Durante mi tiempo en el ejército, hubo muchos incidentes de personas que experimentaron altos niveles de estrés, ansiedad, depresión e intentos de suicidio. No abordaré esas experiencias porque hay muchas variables, entornos de trabajo y situaciones específicas de la población militar y de veteranos que requerirían proporcionar información fuera del alcance del propósito de este libro y esa no es mi intención. Estoy orgullosa de haber servido en el ejército y entiendo que lo que experimenté, bueno y malo, mientras servía era parte de la descripción del trabajo, lo supiera o no. Soy más fuerte, mejor persona, una superviviente gracias al nivel de exposición a la vida que experimenté en el ejército.

Después de completar seis años en el ejército, decidí ir a la universidad, ya que los empleadores no podían ver más allá de mi diploma de secundaria (sin importar los años de servicio militar). Estudiaba con un grupo de veinticinco personas, y era el mismo grupo cada semestre. Todos trabajábamos durante el día y estudiábamos por la noche, en busca de un título universitario que nos garantizara mejores puestos, oportunidades y salarios. Uno de mis compañeros era un joven que sonreía mucho, sacaba buenas notas y era muy entusiasta. Un lunes cualquiera, nuestra clase fue informada de que este individuo se disparó con una pistola durante el fin de semana y dejó una nota a sus padres. Mientras la gente hablaba de este suceso en la universidad, yo no sabía cómo procesar la noticia. Nadie se imaginó que algo así sucedería. Este individuo no dio ningún indicio de que algo anduviera mal, ninguna advertencia, ninguna indicación, nada... nada. No recuerdo haber recibido ningún tipo de apoyo emocional al respecto por parte de la institución, y las clases continuaron como siempre, ya que estábamos con un calendario estricto para graduarnos en 2013. Nunca se reveló cuál pudo ser la razón para que este individuo acabara con su vida. Es difícil saber por lo que están pasando las personas, por eso es importante la comunicación, la compasión y la concienciación sobre la salud mental.

He estado manejando la ansiedad, los ciclos de depresión y el TEPT durante mucho tiempo, y soy abierta al respecto. En diciembre de 2019, un miembro de la familia notó cuando tomé un medicamento recetado durante una reunión familiar y me preguntó al respecto. Cuando mencioné que era para la ansiedad, este miembro de la familia se sorprendió porque me veo muy siempre tranquila. Dos meses después, recibí por correo un libro sobre meditación con una nota de ánimo de este familiar, pidiéndome que probara la meditación como otra forma de controlar la ansiedad. El libro, una historia sobre un reportero que sufre un ataque de pánico en la televisión nacional en vivo y su trayectoria para superar la ansiedad, se llamaba *10% Happier*, de Dan Harper. La meditación parecía ser la clave de su éxito. Después de leer el libro, seguí las prácticas básicas de meditación todos los días tal y como las describía Harper. Me llevó unos meses, pero finalmente aprendí a clamar la mente.

A principios del año 2021, este miembro de la familia me notificó que también estaba lidiando con la ansiedad y la depresión. Había sufrido un ataque de pánico y había sido hospitalizado. No pude visitarlo ya que vivíamos en estados diferentes, pero compartimos algunas conversaciones telefónicas sobre experiencias, medicamentos, retiros de bienestar y otros temas de salud mental. Este miembro de la familia estaba recibiendo tratamiento y seguía buscando estrategias de bienestar. Sin embargo, cuando a mediados de año recibí la noticia de que esta persona se había suicidado, no podía creerlo. Una profunda tristeza me invadió rápidamente.

Una vez más, me encontré sin saber cómo procesar la noticia. Mi primer pensamiento fue: "¡No, espera! Tengo mucho más que compartir sobre cómo manejo mi estado mental que tal vez pueda ayudarte a ti también". Lamentablemente, no pude compartir gran parte de ello y todavía desearía poder haberlo hecho.

Cuando alguien está abrumado, es difícil transmitir todo lo que quieres decir a la vez, así que quise seguir conversando gradualmente y proporcionando apoyo a medida que tenía la oportunidad. Había varios familiares que intentaban ayudar. Realmente pensé que este miembro de la familia iba a salir exitoso en la recuperación porque este individuo estaba buscando respuestas y formas de mejorar. Más tarde me enteré de más cosas sobre esta situación, pero por respeto a la privacidad de la familia, y dado que la pérdida es todavía reciente, me abstendré de hablar de más detalles.

Esta pérdida familiar desencadenó en mí otro ciclo de depresión que duró algunas semanas. Me preguntaba una y otra vez: si puedo controlar mi salud mental, ¿cómo puedo ayudar a los demás a hacer lo mismo? La forma en que este familiar describió sus sentimientos y síntomas me resultaba familiar porque yo me he sentido igual en algún momento. Mi reflexión interior sobre esta triste situación despertó en mí el deseo de hacer algo al respecto, de dar esperanza y ayudar a los demás de alguna manera. También me quedé con ganas de poder transmitir todo lo que sé respecto a cómo manejo mi estado mental para ver si algo le hubiera ayudado en su situación. Empecé a escribir como una forma de sanar. Escribir para mí misma me parecía poco motivador, pero tenía que desahogarme. Fue entonces cuando surgió la idea de escribir un libro con la esperanza de ayudar a otras personas con problemas. Me preocupé, escribí y lloré mucho, pero seguí escribiendo.

Nuestras vidas tienen valor y todos somos igual de importantes. Todos merecemos una vida hermosa y feliz. Independientemente de dónde estemos o de lo que estemos viviendo, siempre hay esperanza. Sólo hace falta una pequeña mota de luz para penetrar incluso en la habitación más oscura. No te rindas nunca en la vida.

NOTA IMPORTANTE:

Si tú o alguien que conoces tiene pensamientos suicidas, ponte en contacto con la Línea Nacional de Prevención del Suicidio o marca al 911 inmediatamente. Si no estás en Estados Unidos, llama a la policía local o al departamento de emergencias médicas.

La Fundación Americana para la Prevención del Suicidio aconseja los siguientes pasos si sospecha que alguien está en riesgo de suicidio:

1. Mantenga una conversación sincera.
2. Habla con ellos en privado.
3. Escuche su historia.
4. Diga que se preocupa por ellos.
5. Pregunte directamente si están pensando en el suicidio.
6. Anime a buscar tratamiento o a ponerse en contacto con su médico o terapeuta.
7. Evita debatir el valor de la vida, minimizar sus problemas o dar consejos.

– CAPÍTULO 5 –

ESPIRITUALIDAD Y TRABAJO INTERIOR

Hay muchas preguntas retóricas sobre nuestro propósito en la Tierra y por qué existimos. Estas preguntas son importantes porque nos hacen buscar en nuestro interior un significado más profundo de una manera que nuestros cinco sentidos no pueden explorar. ¿Estamos viviendo una vida con sentido? Somos susceptibles de vivir experiencias buenas y malas, y nuestras creencias son las que más influyen en cómo nos sentimos y respondemos. Tanto si estamos rodeados de gente como si estamos solos, nuestras luchas mentales son batallas internas que debemos afrontar como individuos. Puedes tener toda la ayuda del mundo a tu alcance, pero si no crees en ti mismo y en un propósito más elevado que lo físico y nuestras rutinas diarias, tu batalla será mucho más difícil de librar.

Conocerse a sí mismo y buscar el desarrollo espiritual le ayudará a soportar las dificultades que experimentamos en la vida. Fortalecer su músculo espiritual le ayudará cuando más lo necesite. Trate la espiritualidad como cualquier músculo de su cuerpo: necesita ejercitarlo para que sea útil y fuerte. Todas las personas necesitan trabajar su espiritualidad, especialmente las personas con problemas mentales, ya que éste es el músculo preparado para ayudar cuando surgen pensamientos y emociones negativas. Quizás puedes intentar luchar internamente sin ninguna creencia, resistir y tener éxito, pero esa no ha sido mi experiencia. Como dijo Franklin D. Roosevelt, —*La fuerza física nunca puede resistir permanentemente el impacto de la fuerza espiritual.*

Puedo sobrellevar las tormentas de la vida teniendo fe en que las cosas van a salir bien. Es extraordinario ver cómo hay personas que afrontan las tragedias con entendimiento y gracia. Lo hacen porque su fe es mayor que el miedo y el dolor. Saben que el dolor es temporal. Cuando soy testigo de esta fuerza en otros, empatizo con su situación y creo que yo también puedo tener esta fuerza. Nuestras emociones son poderosas, pero tenemos que procesarlas y expresarlas de forma constructiva y saludable. Es más fácil decirlo que hacerlo, pero la verdad es que nuestras emociones no cambian las situaciones. Las emociones nos ayudan o nos rompen. Depende de nosotros ser el manejador de ellas.

No me gusta juzgar; a veces cuestiono las acciones de la gente por curiosidad o confusión. Si eres fuerte espiritualmente, un incrédulo, o te encuentras en algún punto intermedio, todos podemos estar de acuerdo en que el aprendizaje es un proceso diario. Nuestras experiencias y circunstancias nos han moldeado de una manera u otra, pero aún tenemos la opción para decidir en qué creer. Nuestras acciones deben ser coherentes con nuestras creencias y valores. Cuando nos enfrentamos a batallas mentales, vale la pena buscar formas de explorar el significado más profundo de la vida.

La religión. Me aconsejaron que me mantuviera imparcial con respecto a la religión para el propósito de este libro, pero no puedo negar que la fe ha sido un aspecto curativo importante en mi vida. No tengo todas las respuestas, pero puedo decir que la fe me ha ayudado en mis batallas mentales. He sido cristiana toda mi vida y creo que hay un Dios que sacrificó a su hijo por la humanidad. Vivo por la fe, no por la suerte o el miedo. Tener esta creencia me reconforta ante la adversidad. Sigo siendo humana y he cometido tanto errores como decisiones excelentes en la vida. No estoy tan avanzada en la fe como me gustaría, por lo que asisto a estudios bíblicos además del servicio dominical. Me gusta aprender en un entorno de grupo porque, para ser sincera, necesito rendirle cuentas a alguien para mantenerme implicada. Formar parte de la comunidad de mi iglesia me hace sentir cómoda y apoyada. Cuando me siento ansiosa o necesito alguien con quien hablar, siempre ha habido alguien que me da palabras de ánimo y reza por mí. En momentos de depresión o aislamiento, alguien se ha acercado para ver cómo estoy.

Encontrar una iglesia mientras estaba en el ejército no fue fácil. Para cuando encontré una buena, ya era el momento de mudarnos de nuevo a nuestro siguiente lugar de trabajo. Una vez que salí del ejército y me establecí en un lugar, investigué y asistí a unas cuantas iglesias hasta que encontré la que mejor se alineaba con mis valores. Si quieres tener una relación con Dios, decide ahora mismo. Evalúa dónde estás espiritualmente y valórate lo suficiente como para trabajar en tu crecimiento espiritual. Hay un poder mayor que te ama y hay más en la vida que lo que ves con tus ojos.

Meditación. El objetivo de la mediación, para mí, era aquietar la mente para calmar la ansiedad. Era un esfuerzo por centrarme y conectar conmigo misma. Empecé en la meditación cuando practicaba karate de pequeña. Esta práctica ayuda a conectar con uno mismo y a tener los pies en la tierra. Sin embargo, de adulto lo había olvidado por completo. Mi vida se volvió más ocupada y mi mente también. Como mencioné en el capítulo anterior, un libro que recibí como regalo de un familiar me motivó a empezar a meditar de nuevo. Coloqué una alfombra en mi habitación con algunas almohadas, puse música suave para meditar y me senté con las piernas cruzadas y los ojos cerrados. Las primeras semanas, mi mente estaba en un estado de confusión y se me dormían las piernas. El lado positivo es que en esos momentos se me ocurrían las mejores listas de tareas. Como meditar no funcionaba, pasé cinco meses intentando concentrarme en la respiración, imaginando paseos por la playa o repitiendo el mantra de "paz interior". También probé la meditación guiada, pero algunas de las voces eran tan relajantes que me quedaba dormida enseguida. Cada vez lo hacía mejor, pero no lograba despejar mi mente por completo. Entonces, un día, después del trabajo, estaba muy cansada mentalmente. Mi cuerpo estaba bien, pero me sentía agotada emocionalmente. En cuanto llegué a casa, me senté en mi rincón de meditación y decidí tomar una respiración profunda. Me sentía relajada, así que me quedé sentada unos minutos más. Cuando abrí los ojos y miré el reloj, habían pasado nueve minutos. Sorprendentemente, ese día fue el primero en el que pude meditar con eficacia.

La meditación de nueve minutos me parecía una victoria hasta que recientemente aprendí la Meditación Trascendental (MT) en un retiro. La MT es mucho más fácil que cualquier otra técnica que haya intentado. Es tan sencilla que no hay forma de estropearla y no requiere ningún esfuerzo. No soy un instructor certificado de MT, así que no te robaré la experiencia de aprenderla correctamente. La técnica de la MT es enseñada en los EE.UU. por la Fundación Maharishi de EE.UU., una organización educativa sin fines de lucro reconocida a nivel federal 501(c)(3). La organización define la MT como —una técnica sencilla, natural y sin esfuerzo que se practica veinte minutos dos veces al día mientras se está sentado cómodamente con los ojos cerrados.
—La técnica de la MT permite que tu mente activa se asiente fácilmente en tu interior, a través de niveles de pensamiento más tranquilos, hasta que experimentes el nivel más silencioso y pacífico de tu propia conciencia: la conciencia pura.

La MT forma parte de mi rutina diaria. Duermo mejor y me siento más tranquila gracias a esta práctica. Me he dado cuenta de que interrumpo menos cuando la gente habla porque no estoy anticipando lo que van a decir. En general, la MT me ha ayudado a permanecer más en el momento presente y mantiene mi ansiedad bajo control.

Tus cinco sentidos. Estimular los cinco sentidos fue un consejo que recibí de mi psicólogo. Utilizar el sentido de la vista, el oído, el olfato, el gusto y el tacto para calmar la ansiedad es una capacidad que siempre tenemos disponible y es gratuita. Practicar la conexión con el cuerpo, los sentidos y el entorno ayudará a saber qué es lo que mejor funciona para ti. Esto será útil cuando te encuentres en una situación en la que necesites sentirte tranquilo. Considero que la capacidad de utilizar nuestros sentidos para calmar la mente es un superpoder. Nos ayudan a permanecer en el momento presente. Cuando la ansiedad te lleve al futuro, con los posibles escenarios que pueden ocurrir, o al pasado, para recordarte lo mal que fue algo, utiliza tus sentidos para volver al momento presente. Hazte estas preguntas: ¿Qué sientes en este momento? ¿Puedes describirlo? ¿Cómo te hace sentir? Hace poco, en el aeropuerto, cuando me sentí ansiosa por la presencia de mucha gente, me hice estas preguntas. El sentido del olfato era el predominante debido al aroma cercano de café fuerte. Podía oler que era dulce, podía detectar la canela combinada con un sabor a nuez de algún tipo. Me hizo desear un café con leche con especias de calabaza, que asocio con el otoño y el remedio para el frío. El ejercicio de análisis de olores, la formulación de las tres preguntas alejó mi mente de la ansiedad de estar en el aeropuerto rodeado de una marea de gente.

Escribir un diario. Escribir puede ser muy curativo, inspirador, creativo y relajante. Escribir tus sentimientos puede ser más fácil que hablarlos en voz alta. La idea de expresar los pensamientos en un papel lo hace más oficial, ya que tomas uno de los muchos pensamientos que tienes en la cabeza para escribirlo, pero lo seleccionas por una razón particular. Llevar un buen diario implica escribir todo lo que te viene a la mente. Al hacerlo, evitas quedarte en lo superficial o intentar controlar lo que escribes. No te sorprendas si te emocionas. No te juzgues por lo que piensas y sigue escribiendo. Esto no fue fácil para mí, ya que me preocupaba que alguien pudiera encontrar el diario. Tampoco sabía sobre qué escribir. Escribir sobre mis sentimientos me resultaba incómodo, pero seguí haciéndolo hasta que dejó de serlo. Ya había intentado escribir en mi diario, pero nunca se convirtió en un hábito. A veces escribía las fechas, pero no siempre. También descubrí que escribir en el ordenador me resultaba más fácil que en el diario. Aquí está lo primero que escribí en el diario:

> *—Recibí este diario después de gastar más de 50 dólares en una librería. Quiero escribir, expresarme, pero no sé por dónde empezar. Siento que recibir este diario fue una señal para empezar a escribir. Este diario es muy bonito. El detalle del patrón es en plata con flores doradas sobre un fondo negro. Es de tapa dura, parece elegante y tiene un precio de 15 dólares. Espero seguir escribiendo, no tengo una estrategia, pero escribiré lo que tengo en mente con la esperanza de expresarme y tener algo de tiempo para mí.*

Realmente no hay una forma correcta o incorrecta de llevar un diario, sólo tienes que empezar a escribir hasta que encuentres un flujo de escritura que funcione para ti, pero tienes que ser honesto con lo que escribes. Yo escribí de forma inconsistente durante meses. A veces escribía páginas, a veces párrafos, y a veces tenía demasiado sueño para escribir o no tenía ganas. Cuando escribía, sentí diferentes tipos de sentimientos: optimismo, esperanza, gratitud, felicidad, planificación, tristeza, ira, decepción, lástima, y a veces lloraba. Cuando leo este diario, veo cómo he evolucionado en la expresión de mis emociones. También veo los temas repetitivos que surgen. Ver los temas me permite saber a qué tengo que prestar atención y solucionarlo. Si sigo sintiendo o escribiendo lo mismo durante meses, entonces hay que actuar porque eso significa que claramente estoy atascada. La siguiente es una entrada del diario que escribí mientras lloraba:

> —*Tengo buenas intenciones pero parece que hay algo que no estoy entendiendo. Siento la tristeza pero ya no el dolor. Nunca he sido del tipo de persona vengativa, pero siento decepción por cómo han resultado algunas situaciones. Es injusto. ¿Dónde está mi justicia? Hay profundidad en mí, y siento mis emociones tan puramente. Estas emociones son una bendición y una maldición.*

Cuando expresas tus sentimientos a través de la escritura, éstos quedan expuestos y dejan de bloquearte emocionalmente. En esta entrada del diario, estaba escribiendo sobre una situación con una persona en particular con la que no he hablado en casi un año. Evidentemente, era algo que todavía me afectaba. No había escrito sobre esta situación durante un par de meses, sin embargo, en este día surgió. Esto me permite saber que tengo que trabajar en mis sentimientos al respecto. La sanación consiste en aceptar, procesar, sentir las emociones y dejar ir lo que ya no nos sirve. Puedes conectar mejor contigo mismo y con los demás si trabajas los bloqueos emocionales que puedas tener. Los recuerdos y las lecciones siempre estarán contigo, pero tú tienes el control sobre cómo te sientes al respecto.

Como ejercicio, intenta escribir un diario durante un mes. Escribe todo lo que te venga a la mente, aunque lo que escribas esté por todas partes y no tenga relación alguna. Pasado el tiempo, lee lo que has escrito cada día. Observa si hay temas comunes. ¿Todavía siente igual? ¿Has visto cambios en tu forma de sentir o expresar lo que sientes? He llegado a sentirme avergonzada por algunas cosas que he escrito porque ya he superado esos sentimientos. Me recuerdo a mí misma que no debo juzgarme. El objetivo del ejercicio es dejar salir las emociones para poder trabajar en ellas y sanar.

Admiro a las personas que después de enfrentar traumas, adversidades y situaciones difíciles, han creado algo bueno a partir de ellas. Son motivadores públicos, fundadores de organizaciones que apoyan causas especiales o personas que han escrito un libro sobre sus experiencias con el propósito de ayudar a otros. Siento mucha admiración por estas personas y me gustaría poder hablar de todas mis experiencias libremente, sin que se me quiebre la voz, me sienta visiblemente incómoda, llore o sufra un ataque de pánico. Escribir me ha resultado más fácil que hablar. En cierto modo, escribir me ha dado una voz que no sabía que tenía.

Viajar. Mientras viajas lejos de todo lo que conoces, de lo que te es familiar, prestas atención al momento presente mientras ves lo que es nuevo. Los diferentes paisajes y formas de vivir te abren los ojos a la incertidumbre y a los cambios. ¿Por qué es importante? Porque estamos hechos para crecer, ampliar nuestros horizontes y desarrollarnos como personas. No tienes que ir a otro país para experimentar esto, puedes conducir una hora hasta una ciudad diferente y tu conciencia se estimulará al instante. Esta estimulación amplía tu curiosidad y tu sentido de la aventura. También puede estimular la relajación, ya que estar fuera de tu zona significa estar fuera de tu rutina habitual. Cuando viajaba en el ejército, siempre me sentía muy pequeña. Viajaba a otros países, veía otras culturas y me preguntaba por los muchos lugares de este mundo que no he visto. ¿Qué tan increíble sería ver el mundo entero? Mi segundo despliegue militar fue en un barco. Cuando podía, salía en pleno día a observar el océano. Estábamos rodeados de agua sin tierra a la vista. El océano y el cielo se encontraban a lo lejos sin dejar ningún hueco entre ellos. Uno era azul claro y pacífico; el otro, azul oscuro y agitado. Juntos formaban el mejor paisaje relajante en medio del estresante trabajo que yo realizaba. Recuerdo momentos en los que miraba el océano, contemplando el hecho de que estábamos tan lejos de todo, y sólo nos teníamos a nosotros mismos y la confianza que depositábamos el uno en el otro para sobrevivir. En ese momento, no tenía cosas materiales de las que preocuparme. Vivir en un barco era en parte supervivencia y en parte imprevisibilidad. Los momentos en los que podía estar a solas con el cielo y el océano me hacían reflexionar sobre quién era yo, la trayectoria de mi vida, lo que realmente importaba y a dónde quería llegar.

Retiros de bienestar. A veces es bueno alejarse a propósito y centrarse únicamente en uno mismo. Los retiros suelen ofrecer educación para el bienestar, comida sana, ejercicios y actividades destinadas a calmar la mente, el cuerpo y el espíritu. Investigué y obtuve información específicamente sobre los retiros de meditación para el familiar que mencioné en capítulos anteriores, que estaba lidiando con la ansiedad y la depresión, pero también quería asistir a uno yo misma. Los que me gustaron ofrecían buenos programas que iban de tres a diez días. Situados en California y Nueva York, los precios se salían del presupuesto sin incluir la transportación. Reduje la búsqueda a los retiros locales y encontré unas cuantas granjas que ofrecían estancias tranquilas de fin de semana para relajarse. Consideré una granja por su precio razonable y su distancia de dos horas en coche. Incluía una habitación, tres comidas saludables al día, tiempo de tranquilidad en soledad, paseos por la naturaleza, yoga por la mañana y clases de cocina vegana por la noche. Sin embargo, la misma semana que estaba considerando el paquete de fin de semana en la granja, recibí un correo electrónico de Warrior Progressive Alternative Training for Healing Heroes (PATHH) en el que me aceptaban en su programa, y seis meses después estaba de camino al Big Red Barn Retreat en Carolina del Sur.

Warrior PATHH es un programa de formación basado en el crecimiento postraumático para veteranos de combate y personal de primera intervención. La formación consiste en una iniciación presencial de siete días, seguida de dieciocho meses de formación impartida por instructores a través de una plataforma web. Describí este programa como un campo de entrenamiento emocional. El horario consistió en dieciséis a dieciocho horas al día de ejercicios, actividades y aprendizaje específicamente diseñados para la sanación y el crecimiento personal. Me derrumbé emocionalmente y reflexioné sobre mi vida como no lo había hecho antes. Esto ocurrió porque el programa era eficaz. Llevo años trabajando en mí misma, pero no habría llegado tan lejos como lo hice sin el programa y el maravilloso personal. Principalmente porque me empujaron y ayudaron suavemente mientras me enfrentaba a mi ser interno. No puedo describir la sanación que experimenté junto a otras seis mujeres que también asistieron al programa. Fue una experiencia que me acercó a mi verdadero yo. Me gustaría que todo el mundo pudiera asistir a un programa como Warrior PATHH. He oído que hay programas para la población civil normal a través de diferentes organizaciones; sólo es cuestión de investigar cuáles son y cuáles son los requisitos. Desafortunadamente, mi familiar no calificó para PATHH debido al requisito de ser veterano militar o trabajador de primeros auxilios. Además, se quitó la vida antes de que yo asistiera a este programa. No pude compartir esta experiencia ni lo que aprendí. A pesar de lo dolorosa y desafiante que ha sido esta experiencia de crecimiento, he aprendido mucho sobre mí misma y sobre el tipo de vida que quiero vivir. Quiero autenticidad, paz y realización personal.

Ser voluntario. Se siente bien ayudar a otras personas, organizaciones o un evento especial que implique una buena causa, especialmente si tiene un significado o una conexión con usted. También pone su propia situación en perspectiva y le hace reflexionar sobre si ha dado por sentadas sus bendiciones.

Tengo un corazón para el servicio a los demás, pero he descubierto que no estoy emocionalmente capacitada para ser voluntaria en ciertas causas. Aunque estoy trabajando en mi fortaleza mental, algunas organizaciones benéficas tratan escenarios desgarradores que me afectan emocionalmente. Necesito proteger mi salud mental poniéndome en situaciones adecuadas. Por ejemplo, fui voluntaria en un refugio de animales durante seis meses hasta que me di cuenta de que me estaba deprimiendo. Los animales eran tan cariñosos que no podía comprender cómo alguien podía descuidarlos o maltratarlos hasta el punto en que lo han hecho. Antes de esta experiencia, fui voluntaria durante una hora en un hospital infantil en el que se trataba a niños con enfermedades terminales. Participé solamente una hora porque empecé a llorar incontroladamente y, en ese momento, no fui de ayuda para nadie. De hecho, las personas que trabajaban allí tuvieron que consolarme. He sido voluntaria para eventos donde he donado sangre, he organizado eventos para recaudar fondos, juguetes y abrigos durante las fiestas para un refugio de personas sin hogar. Me gusta llevar a cabo eventos para ayudar, pero prefiero trabajar directamente con las personas que necesitan ayuda.

Trabajar a tiempo completo me deja poco tiempo para el ejercer como voluntaria, así que debo ser creativa. Llevo un par de años trabajando como voluntaria en una cooperativa de alimentos. Ha sido una buena opción para mí porque ha sido menos emocional que otras oportunidades en la cuales he participado como voluntaria. Los voluntarios del grupo se han convertido en amigos. Como traductora de español, he llegado a conocer a diferentes personas con diferentes antecedentes y situaciones. Me han pedido abrazos, he recibido muchas sonrisas y he consolado a algunos que necesitaban hablar y llorar. Hay algo especial que ocurre dentro de nosotros mismos cuando nos conectamos y nos ayudamos unos a otros.

Lo que tienes es momentáneo, lo que eres es para siempre, —Frank Sonnenberg. Eres único y perfecto a tu manera. Si no consigues ver tu propio valor, ese debería ser tu propósito en este momento. Empieza a verte desde una perspectiva diferente y trabaja para descubrir quién eres realmente. Esto requerirá una autorreflexión honesta, probar cosas nuevas para explorar las habilidades, leer y cualquier cosa que se te ocurra que te enriquezca. Básicamente, estás realizando un estudio, una exploración de ti mismo como harías con alguien con quien vas a salir porque quieres conocerlo. Decide que ahora mismo vales la pena porque lo vales y vales mucho. Tú no eres tus circunstancias, y tus experiencias estaban destinadas a enseñarte algo de valor. No estás compitiendo con nadie, ni debes demostrar nada a nadie más que a ti mismo. Habrá cosas que no puedas cambiar o controlar fuera de ti. En cuanto al resto, tú decides cómo manejarlo. Tienes más poder en tu propia vida del que crees.

– CAPÍTULO 6 –

SOPORTE EMOCIONAL

Buscar el consuelo de los demás no es algo natural cuando se sufre emocionalmente. Tendemos a escondernos o a intentar resolver nuestras emociones por nosotros mismos. A veces, el tiempo a solas puede ayudar a despejar la mente, pero otras veces se necesita el apoyo de otro ser humano. Cuando negaba mi trastorno de ansiedad, lo llevaba bien e incluso me acostumbré al nerviosismo y a los pensamientos negativos. Los pensamientos negativos son como montones de insectos en el aire mientras intentas caminar por un bonito sendero: los apartas con la mano, pero son molestos y distraen. Puedes seguir caminando por el sendero de insectos, pero lo haces de forma inconveniente. Mientras lidiaba con la ansiedad y las batallas de pensamiento, no buscaba ayuda. Ser fuerte y mantener la compostura era mi imagen, mi identidad y lo que creía que se esperaba de mí. Esta identidad a la que me aferraba era, irónicamente, lo que me estaba rompiendo internamente. Era un fraude. Estaba bien por fuera, pero por dentro me sentía insegura de mis capacidades y tenía miedo de fracasar en la vida (sea lo que sea que eso signifique). Estaba muy sensible durante mis ciclos depresivos y quería aislarme, aunque llevaba la vida cotidiana como siempre lo hacía para que nadie tuviera idea de que estaba deprimida. Les decía a las personas que se daban cuenta que estaba cansada, que no me sentía bien o que no había dormido con regularidad. Engañaba a los demás a la vez que me engañaba a mí misma.

Abrirse a alguien para contarle lo que nos pasa por la cabeza no es fácil y es incómodo. Tienes opciones sobre con quién puedes hablar, y deberías hablar. Si estuviéramos destinados a estar solos en este mundo, seríamos un glaciar flotando a nuestro aire. Si te sientes cómodo hablando con un ser querido, es un buen comienzo, pero ten en cuenta que hay especialistas capacitados para ayudarte cuando te resulta difícil afrontar tus emociones o situaciones. A veces, sólo necesitas a alguien con quien hablar. Otras veces, puede que necesites hablar con un profesional que pueda evaluar y ofrecerte un camino de bienestar para seguir adelante. Una vez más, esto no significa necesariamente medicación. Además, no es necesario tener una dificultad mental para beneficiarse del asesoramiento en salud mental. Considere la posibilidad de añadir el asesoramiento a su plan de bienestar.

Familia y amigos. Puede que tengas una familia comprensiva que haya experimentado lo que estás pasando o que te apoye aunque no lo entienda y eso es maravilloso. En general, la familia y los amigos te quieren y tienen buenas intenciones. Sin embargo, a veces la forma en que abordan la salud mental resulta despectiva o poco compasiva. Su reacción se debe al miedo o a la falta de comprensión. La familia y los amigos suelen ser el primer grupo de personas al que queremos abrirnos porque están cerca de nosotros. Podemos querer una opinión sobre si lo que sentimos es normal o no. Por desgracia, no son profesionales de la asistencia mental. En mi experiencia, recibí muchos comentarios como "todo el mundo pasa por dificultades, sólo tienes que ser fuerte", "reza por ello", o mi favorito, "otras personas lo tienen mucho peor que tú". Hay algo de verdad en sus comentarios, y puede que estén tratando de darte amor duro. Su punto de vista es otra forma de ver las cosas, pero este enfoque disminuye tus sentimientos o cualquier agitación emocional que estés atravesando. Es posible que acabes sintiéndote débil, culpable o reprimiendo tus sentimientos. Es muy importante comunicar lo que sientes, pero si la reacción que recibes no es de comprensión, entonces busca otros sistemas de apoyo.

Consejero espiritual. Esta categoría suele venir en forma de mentor, líder religioso o alguien más avanzado espiritualmente que tú. Como cualquier tipo de consejero, tienes que investigar, pedir referencias, etc. Encontré una consejera en la iglesia que ofrece un enfoque espiritual de la salud mental en lugar del enfoque clínico. Me reúno tanto con mi psicólogo clínico como con la consejera espiritual, que también es psicóloga. En palabras más sencillas, su enfoque incluye referencias bíblicas para tratar situaciones de la vida -en mi caso, con dificultades mentales-. Utiliza siempre el discernimiento cuando escuches a los demás. Si algo no te parece bien, busca otro consejero. Es muy importante que encuentres un lugar en el que te sientas cómodo, y tus valores y principios se alineen contigo y con la verdad. Nadie tiene el 100% de las respuestas, pero de una forma u otra, en el fondo, sabemos y sentimos que existimos por algo distinto a la materia.

Organizaciones de bienestar mental y recursos comunitarios locales. Los programas comunitarios o municipales ofrecen a veces yoga gratuito, deportes recreativos y otras actividades para promover la salud. Aunque la mayoría de los programas se centran en la salud física, una parte también incluye el bienestar mental. Si tienes un seguro médico, también puedes llamar o buscar en su página web programas de bienestar mental. Algunos ofrecen recompensas o descuentos en su prima. La idea de participar en estos programas es aprender, mejorar su salud y conectar con más recursos disponibles. Puede buscar estos programas u otra información sobre salud mental, ansiedad o reducción del estrés en Internet, pero nunca intente diagnosticarse a sí mismo. El mejor tratamiento vendrá de un profesional de la salud. En cuanto a cualquier información que se encuentre en Internet, asegúrese de que las fuentes sean legítimas.

La terapia con animales es una técnica para el manejo del estrés que continúa crecido en popularidad. Los lugares de terapia animal ofrecen sesión individual o de grupo con animales. También hay varias organizaciones que entrenan a los animales para detectar fluctuaciones repentinas de las emociones en las personas. Estos animales aprenden a actuar de una manera que relaja a la persona con la que interactúan. En el retiro de Warrior PATHH, tuve la oportunidad de probar la terapia ecuestre, y me encantó cada minuto. Pude establecer una conexión con un caballo, cepillar su pelo y pasearlo. Para que el caballo camine junto a cualquiera, primero tiene que haber una conexión establecida. En el momento en que te distraes, el caballo deja de caminar porque has roto la conexión, y ya no tiene dirección ni deseo de seguirte. Los caballos pueden sentir tus emociones y alimentarse de ellas.

    Soy amante de los animales y me gusta estar rodeado de ellos. He tenido mascotas toda mi vida y son una gran alegría. Las mascotas se unen a ti sin importar tu aspecto u olor, lo que digas o hagas. Ofrecen un amor incondicional. La interacción con los animales es terapéutica. Los animales viven en el presente, confían en sus instintos y son auténticos. Verlos en su entorno natural es relajante. Si no puedes tener mascotas, considera la posibilidad de cuidarlas para otra persona, ser voluntario, visitar un zoológico o simplemente dar un paseo por la naturaleza para ver qué puedes encontrar. Si exploras un nuevo territorio, asegúrate de investigar sobre los animales locales de la zona y toma precauciones de seguridad. Una vez vi un hermoso cachorro de oso en el bosque. Quise detenerme y tomar una foto, pero alguien me recordó que si el osezno estaba frente a mí, probablemente la mamá osa no estaba muy lejos. Nos fuimos inmediatamente. Después de ver ese cachorro en su entorno natural, es difícil ver osos en el zoológico, pero esa conversación es para otro libro.

Programa de asistencia al empleado (EAP), consejeros escolares o trabajadores sociales. Estos recursos suelen ser gratuitos y confidenciales. La gente ha expresado tener miedo incluso de pedir información porque puede afectar o quedar mal en su expediente laboral o escolar. No debería haber consecuencias negativas por participar en programas de bienestar mental ni debería utilizarse en su contra de ninguna manera. Si cree que se le trata de forma diferente por ello, consulte a un asesor jurídico. Hay puestos de trabajo que requieren evaluaciones mentales favorables. En estos casos, si se determina que no eres capaz mentalmente de ocupar esos puestos, no se lo tome como algo personal. Lo mejor para usted y para los demás es que no se le coloque en un puesto de trabajo que pueda afectar o agravar su estado mental. Después de todo, la prioridad número uno debe ser su salud y seguridad.

Una vez consideré la posibilidad de solicitar el puesto de operador del 911, un programa para asistencias de emergencias. Luego de revisar los requisitos del trabajo, determiné que no sería un buen puesto para mí. Soy empática y emocional. Si alguien llama al 911 pidiendo ayuda a gritos, probablemente me pondré a gritar y a llorar por ellos simultáneamente durante la llamada telefónica. Quizás es una habilidad que podría aprender con el tiempo, pero para proteger mi paz mental, elijo no ponerme en situaciones de gran estrés. Quizá algún día esté en condiciones de soportar altos niveles de estrés, pero ahora no es el momento.

Tómese el tiempo necesario para informarse sobre los beneficios que tiene a su disposición en el trabajo o en la escuela. No espere a tener un ataque de pánico para averiguarlo. A mí me remitieron al EAP para que me ayudara después de sufrir un ataque de pánico en el trabajo. Este suceso no afectó a mis evaluaciones o ascensos. Algunos empleadores conceden tiempo libre o incluso incapacidad a corto plazo, si es necesario, debido a los ataques de pánico. A mí no me dieron tiempo libre, pero mi empleador hizo algunos cambios en mi entorno de trabajo que beneficiaron a todos los trabajadores. También recibí una derivación del EAP para dieciséis sesiones de asesoramiento pagadas en el centro de asesoramiento familiar más cercano. Me resistía al principio, pero las sesiones resultaron beneficiosas. Aprendí tanto sobre el estrés en el lugar de trabajo que me convertí en la gerente de bienestar de mi centro de trabajo. Con la ayuda de Recursos Humanos, pude organizar actividades benéficas e informativas para concienciar sobre la salud mental.

Médico general de la salud. Este profesional evalúa tu estado de salud general y presta atención inmediata a todo lo relacionado con tu salud. Están cualificados para diagnosticar la ansiedad y la depresión, y pueden recomendar psicoterapia, medicación o ambas cosas. Si sufre ataques de pánico o tiene una ansiedad persistente que le afecta a diario, pida a su médico que le remita a un psiquiatra para que le evalúe, especialmente si necesita medicación. Los psiquiatras se especializan en salud mental, y usted quiere estar seguro de que un médico especializado en salud mental le prescribe la medicación más adecuada. Esto no es diferente de ir al médico por un problema de corazón y pedir que te remita a un cardiólogo.

Psicólogos, consejeros y terapeutas. Estoy agrupando estas tres categorías de profesionales de la salud mental ya que pueden ayudarte a identificar la ansiedad, la depresión u otras luchas mentales para determinar si puedes tener trastornos de conducta o psicológicos. Todos estos profesionales están licenciados, pero tienen un nivel diferente de educación y diferentes enfoques de la salud mental. En la mayoría de los casos, no se necesita una recomendación para conseguir una cita. Póngase en contacto con su seguro médico para saber qué cobertura tiene y qué incluye. Este tipo de profesionales hay sesiones en personas y también sesiones desde la comodidad de su casa a través del web. Si no tiene seguro médico, investigue sobre las organizaciones sin fines de lucro de salud mental y con su empleador o escuela sobre información acerca de los posibles recursos gratuitos o con descuento en su área local.

Al principio, me contuve mucho porque había cosas que ni siquiera me admitía a mí misma o me daba vergüenza hablar de ellas. Durante décadas hubo experiencias que hice lo posible por olvidar o incluso las bloqueé. Las emociones reprimidas tienen una forma de afectarte lentamente desde el interior de una manera que apenas se nota. El problema es que no tratar las emociones reprimidas hace que se acumulen hasta que un desencadenante las haga estallar. Estas emociones pueden aparecer en un momento inoportuno y con intensidad. Una vez tuve un ataque de pánico en medio de una película. No fue la película lo que provocó el ataque de pánico, sino lo que la película me recordaba. Me excusé y me escondí en el baño al principio, luego salí y me quedé en el balcón hasta que me calmé. Una vez más, opté por dejarlo pasar y no darle seguimiento. Me arrepiento de no haber buscado ayuda antes. Seguí negando mi incapacidad para controlar mi ansiedad. Tuvieron que pasar muchos años desde este episodio y muchos otros para que me decidiera a ir a un médico. Parte de la razón por la que no busqué ayuda es que no quería ponerme a llorar delante de un extraño, especialmente un especialista que (en mi mente) probablemente pensaría que estoy siendo patética y preocupándome por cosas insignificantes cuando el mundo tiene problemas reales. Finalmente lo hice porque quería mejorar. Las primeras sesiones fueron incómodas, pero cuando empecé a sentirme más cómoda hablando, las cosas empezaron a cambiar. Participé en ejercicios de concienciación, aprendí estrategias de afrontamiento y vi resultados en el manejo de mis emociones. Me sentí mejor, mi confianza aumentó y no me evité a mí misma, sino que me acepté a mí misma.

Psiquiatra. La primera vez que vi los formularios de admisión al psiquiatra, me asusté en silencio. Sólo ver el título me hizo sentir que estaba cediendo mi poder o mis derechos a los médicos y que posiblemente podría ser hospitalizada contra mi voluntad. También pensé en que ver a un psiquiatra podría ser utilizado en mi contra en los tribunales, aunque afortunadamente nunca he estado en un tribunal. La ansiedad y el estigma de la salud mental estaban jugando con mis emociones y causando desorden en mi cabeza sobre el simple hecho de llenar este formulario. Algunos de los términos utilizados para describir la salud mental son intimidantes, y no queremos etiquetas ni asociaciones con nada que pueda ser percibido como algo malo. Podemos obtener simpatía por muchos problemas médicos, pero no necesariamente por problemas mentales. Debemos recordar que el objetivo es mejorar nuestro estado mental y eso incluye acudir a los médicos adecuados. No hay que avergonzarse de ello.

Un psiquiatra es el médico especializado en el tratamiento de problemas psicológicos y emocionales. Para ser sincera, no sabía la diferencia entre un psicólogo y un psiquiatra. Pensaba que tal vez el psiquiatra era el médico al que se acude cuando se ha perdido por completo y ningún otro médico puede ayudarte en ese momento. Una vez que me enteré de que el psiquiatra evalúa todos los aspectos de tu salud mental, tiene la formación y credenciales para recetar medicamentos, me sentí más cómoda acudiendo a uno. El enfoque médico puede consistir en la prescripción de medicamentos, la psicoterapia o ambos. Lamentablemente, para obtener una cita, es probable que necesite una derivación como parte de un proceso de admisión que puede llevar algún tiempo. Esto puede ser un problema si necesita un tratamiento inmediato; sin embargo, un médico puede diagnosticar y prescribir psicoterapia o medicación hasta que pueda recibir una evaluación apropiada por parte de un psiquiatra.

No tenemos que afrontar nada solos. Cree un sistema de apoyo que funcione para usted. Algunas personas son reservadas y tienden a aislarse. Eso está bien, pero acuda a alguien cuando las emociones se vuelvan abrumadoras. Aunque sea particular y selectivo, cree al menos un equipo de apoyo de dos personas y vaya añadiendo más a medida que se sienta cómodo o se le recomiende. La primera persona es alguien de su vida en quien pueda confiar personalmente y la segunda es un profesional de la salud. Contar con un sistema de apoyo emocional le ayuda a expresar lo que tiene en mente, a recibir la perspectiva de otra persona y a encontrar soluciones o tratamiento, si lo necesita, de manera oportuna.

ALIVETTE VIGO

– CAPÍTULO 7 –

MEDICACIÓN

No abogo por la medicación a menos que se hayan intentado primero otros métodos de bienestar o que un profesional de la salud mental lo haya determinado como necesario. Si usted experimenta una situación que le provoca ansiedad, o incluso depresión, puede ser capaz de manejarla procesando las emociones de lo que está sucediendo, hablando de ello y utilizando técnicas de relajación. Independientemente de lo que esté pasando, recuerde recurrir a su sistema de apoyo. No tiene que pasar por nada solo. Si no sabe por dónde empezar, o experimenta síntomas físicos o mentales abrumadores, debe consultar a un profesional médico lo antes posible.

Tampoco soy partidaria de la automedicación de ningún tipo. Puede pensar que las bebidas alcohólicas pueden adormecer el dolor, pero no sólo no le hará sentirse mejor después, sino que podría empeorar la ansiedad o la depresión. Lo mismo ocurre con cualquier tipo de droga -legal, ilegal, las pastillas de su tía, o cualquier otra idea que quiera probar porque está dudando en buscar ayuda o piensa que lo que está pasando no es gran cosa. También se corre el riesgo de interferir con los medicamentos que puede estar tomando para otras condiciones cuando se automedica. Permítame recordarle que su salud es un asunto importante, y que no debe avergonzarse en buscar ayuda. Además, tenga cuidado con los productos a base de hierbas, los suplementos dietéticos, los tés especiales o cualquier cosa que afirme reducir la ansiedad, ya que la mayoría de estos productos no están supervisados por la Administración de Alimentos y Medicamentos (FDA) para determinar los riesgos y los beneficios.

Si busca en Internet remedios para la ansiedad, encontrará todo tipo de información que puede ser correcta o no. La mejor manera de lidiar con los síntomas de ansiedad que son difíciles de controlar es buscar ayuda profesional médica. Hay muchas opciones de tratamiento que puede explorar con su profesional de la salud. Pueden sugerirle una terapia individual durante un período determinado y un seguimiento según sea necesario. Dependiendo de su situación específica, la terapia de grupo puede ser otra opción. A veces es más fácil hablar con personas que se sienten identificadas con lo que estás pasando. También, hay otras formas de terapia como el arte, la música o la terapia con animales. Los tipos de terapia no tradicional dependerán de lo que esté disponible en su zona y de lo que le resulte más cómodo. Cualquiera que sea el plan que siga, debe ser el que haya creado con el profesional que haya elegido.

Si sus síntomas requieren medicación, hágase una evaluación mental adecuada con un psiquiatra. Es posible que se le asigne un psicólogo que trabaje bajo la supervisión de un psiquiatra, pero éste no prescribe la medicación, sino que lo hace el psiquiatra. A menudo la medicación se prescribe en combinación con la psicoterapia. Hay algunos medicamentos para el alivio a corto plazo, mientras que otros se prescriben para períodos más largos. Es importante prestar siempre atención a su cuerpo y a su mente para notar lo que está experimentando. Los beneficios o los efectos secundarios, por insignificantes que parezcan, ayudarán a determinar si la medicación es adecuada o no. Si los efectos secundarios son fuertes o su estado empeora, llame a su profesional médico inmediatamente. Tendemos a no leer las páginas de efectos secundarios que nos dan en la farmacia por algunas razones:

1. Hay demasiados ingredientes en la lista que ni siquiera podemos pronunciar.
2. Nunca tenemos efectos secundarios, por lo que creemos que no vamos a tener ninguno.
3. Se confía en el médico y eso es suficiente para usted.
4. Tiene miedo de que, después de leer los efectos secundarios, no tome el medicamento.

Lo entiendo. Tenía miedo de tomar medicamentos porque pensaba que me volvería lenta, no sería yo misma o dependería de ellos. Para evitar que me la recetaran, mentí diciendo que estaba bien. Supongo que no era muy buena mentirosa porque el psiquiatra siguió recetándome un medicamento para la ansiedad. Lo que decía no coincidía con mi lenguaje corporal ni con mis respuestas en las evaluaciones. Iba a terapia de vez en cuando pero evitaba tomar el medicamento. La mayoría de las veces me mentía a mí misma, pero la verdad quedó claramente expuesta cuando experimenté el ataque de pánico muy visible en el trabajo (descrito en el capítulo dos), y no pude controlarlo. Después de ese incidente, empecé a tomar el medicamento como debía porque la realidad de mi situación de salud mental se hizo innegable.

Cuando empecé a tomar el medicamento, al principio no tenía mucha hambre, pero dormía mejor y anotaba en mi agenda diaria cualquier cambio físico o de comportamiento que experimentaba para compartirlo con mi médico en la siguiente visita. Tuve la suerte de que la primera medicación que me recetaron me funcionó muy bien. La dosis de medicación era baja y, al cabo de tres semanas, me sentía más relajada y mis días eran menos agobiantes. La gente notó que estaba más calmada cuando hablaba y menos rígida en general. No estoy segura de si el comentario de la rigidez era un cumplido, pero sentía periodos de calma sin demasiado esfuerzo.

Su profesional de la salud mental le recetará la medicación que mejor se adapte a sus síntomas y a su historial médico. Hay numerosos medicamentos disponibles y, a veces, puede ser necesario probar más de uno bajo la dirección de su médico hasta encontrar el más adecuado para usted. A modo de informar, quiero mencionar las principales categorías de medicación para la salud mental según la definición de la Alianza Nacional de Enfermedades Mentales:

- Medicamentos Contra La Ansiedad: funcionan únicamente para reducir los síntomas emocionales y físicos de la ansiedad. Estos medicamentos actúan rápidamente y son muy eficaces a corto plazo.

- Antidepresivos: Mejoran los síntomas de la depresión al afectar las sustancias químicas del cerebro asociadas a la emoción, como la serotonina, la norepinefrina y la dopamina.

- Antipsicóticos: reducen o eliminan los síntomas de la psicosis (delirios y alucinaciones) al afectar a la sustancia química cerebral llamada dopamina.

- Estabilizadores del Estado De Ánimo: suelen tratar los cambios de humor asociados al trastorno bipolar.

- Medicamentos Genéricos: los medicamentos genéricos y los de marca no son lo mismo. La FDA sólo exige que los medicamentos genéricos contengan las mismas sustancias químicas activas que las de los medicamentos de marca y que la vía de administración (si el medicamento está disponible en forma de comprimidos, cápsulas, parches o inyecciones) sea idéntica.

Cabe señalar que existen otros tratamientos no tradicionales para los casos que no responden bien a la medicación o a la psicoterapia. Estos tratamientos pueden consistir en corrientes eléctricas en el cerebro, estimulación cerebral profunda, estimulación magnética, y estoy segura de que oirás hablar de más a medida que la ciencia siga descubriendo nuevas opciones cada año. No entraré en detalles sobre ninguno de estos tratamientos porque quiero que comience por lo básico y consulte con su profesional de la salud mental las opciones de tratamiento más adecuadas para usted. Es importante que se involucre en su tratamiento y comunique con sinceridad cómo se siente. Esto le ahorrará tiempo para encontrar lo que funciona y puede evitar que los síntomas empeoren. Si su ansiedad está causada por otro problema o condición médica, asegúrese de tratar esa condición ya que puede aliviar su ansiedad por asociación. Por ejemplo, si tiene problemas de tiroides, que se han relacionado con la ansiedad, asegúrese de trabajar con su médico en el tratamiento de la tiroides, ya que esto puede hacer que su ansiedad esté bajo control. Mantenga a todos los proveedores de servicios médicos al tanto de su salud general y sus tratamientos.

Si está tomando medicamentos para otras condiciones médicas, compruebe si esos medicamentos tienen como efecto secundario la ansiedad o la depresión, porque eso podría causar o agravar su estado mental. Si ese es el caso, no deje de tomar su medicamento, pero póngase en contacto con su médico y pregunte si existe la posibilidad de un cambio de medicación. La idea es que siga tratando su condición médica sin efectos secundarios adversos. Si está tomando medicamentos específicamente para la ansiedad y la depresión, tenga cuidado de no seleccionar inadvertidamente medicamentos de venta libre que puedan interferir. Algunos suplementos, jarabes para el resfriado y medicamentos para la alergia, por nombrar algunos ejemplos, tienen advertencias en la etiqueta que le aconsejan que pregunte a su médico si está tomando antidepresivos. Asegúrese de leer las etiquetas antes de comprar el producto y, sobre todo, asegúrese de consultar a su médico. Los farmacéuticos pueden ayudarle con preguntas sobre los medicamentos, pero no tienen su historial médico y no le han examinado, ni están cualificados para hacerlo. Por esta razón, seguiré insistiendo... consulte siempre a su médico.

Si tiene que tomar el medicamento, tómelo siempre según las instrucciones. Es imprescindible que, cuando tome el medicamento, siga cuidando de sí mismo en todas las demás áreas de su vida. El medicamento por sí solo no solucionará sus problemas médicos; tendrá que seguir cuidando su cuerpo y su mente. Lleve un estilo de vida saludable en la medida de sus posibilidades, quiérase lo suficiente para hacerlo y siga aprendiendo formas de mejorar su calidad de vida. Cuide de sí mismo, de su cuerpo, y viva la vida intencionadamente.

– CAPÍTULO 8 –

ESTILO DE VIDA SALUDABLE

Llevar un estilo de vida saludable es imprescindible para la salud mental. Aunque parezca sencillo, a menudo damos prioridad al trabajo, la familia, los estudios o cualquier otra área de nuestra vida y, poco a poco, nos descuidamos a nosotros mismos. Uno hace lo mejor que puede para incluir comidas saludables e ir al gimnasio cuando encuentra tiempo. Es bueno que se esfuerce por su salud cuando pueda, pero lo que realmente hará que los cambios permanezcan, es tener la mentalidad de vivir de forma saludable.

Hay mucha información sobre nutrición, educación física, manejo del estrés y los beneficios de las interacciones sociales, pero es difícil aplicarla. La verdad es que quizá tenga que idear su propia definición de estilo de vida saludable que se ajuste a su estilo de vida real. ¿Por qué? Porque hay demasiadas variables de una persona a otra, y será difícil que todos cualificamos igual en una lista de control. La etapa de la vida en la que nos encontramos también determina lo que se considera saludable para el cuerpo. Para un bebé es saludable dormir prácticamente todo el día, pero no para un adulto. Sin embargo, algunas personas necesitan dormir más que otras para funcionar correctamente durante el día. No debemos imponer a todas las personas, a las mismas normas. Es usted quien debe crear sus propias normas. No obstante, como individuos únicos que somos, tenemos algunas cosas en común que debemos cuidar:

Necesidades básicas. Como mínimo, hay que cuidar la higiene personal. Esto es lo que nos enseñan de niños: bañarse y lavarse el pelo, cepillarse los dientes, aplicarse loción, etc. Cuando se trata de una depresión, lo más básico puede parecer desalentador. Es posible que ni siquiera quiera salir de la cama. Si se encuentra en un estado de depresión, no piense en todas las cosas que tiene que hacer en el día, sólo piense en practicar la higiene básica. Hacerlo le ayudará a mejorar su estado de ánimo y se estará dando un poco de autocuidado.

Dormir. Asegúrese de dormir lo suficiente para que su cuerpo y su mente descansen. Así tendrá más energía y estará menos malhumorado a lo largo del día. El sueño debe ser una prioridad, ya que afecta tanto a la salud mental como a la física. Si tiene problemas para conciliar o mantener el sueño, consulte a un médico.

Comer bien. Todos sabemos que debemos incluir en nuestra dieta frutas, verduras, cereales integrales y todo lo bueno. No me gusta mucho cocinar, pero cocino y me gusta comer en casa. Planifico las comidas semanales, congelo lo que puedo y me llevo el almuerzo al trabajo. Si como en un restaurante, intento elegir la opción más saludable. Esto no significa pedir una ensalada, sino que al elegir entre patatas fritas o patatas al horno, escogeré la que aporte más valor nutricional.

La organización Mayo Clinic recomienda evitar el alcohol, el tabaco y las bebidas con cafeína, ya que pueden empeorar la ansiedad. Yo no fumo, pero consulté a mi médico sobre la posibilidad de tomar una copa de vino durante las fiestas o eventos especiales y recibí el visto bueno. Tienes que averiguar con tu médico lo que es aceptable en tu caso, especialmente si estás tomando medicamento. Estoy muy contenta de que mi médico esté de acuerdo con mi consumo diario de café, ya que es un buen capricho por las mañanas.

Respirar. Suena primitivo, pero la ansiedad hace que el cuerpo respire más rápido o incluso se hiperventile. La respiración fue el primer y más importante logro de nuestras vidas al nacer. Su valor se ha dado por sentado. La respiración ha sido la mejor técnica de relajación rápida que he experimentado. Mi quiropráctico me dijo una vez que no sabía respirar correctamente. Para demostrármelo, me pidió que me parara de espaldas contra la pared con una mano en el pecho y otra en el abdomen. Me retó a respirar con el diafragma. Al parecer, no podía hacerlo bien. Respiraba fuerte, moviendo los hombros, el cuello y el pecho. Intentar hacer la respiración correctamente me hacía sentir mareada, confusa e insegura de lo que estaba haciendo. Fui a casa y vi diferentes vídeos en el web. Con mucha práctica, fui capaz de hacer el tipo de respiraciones grandes que expandían mi diafragma de manera que se sentía bien y relajante. Respirar de esta manera marca la diferencia cuando necesito sentirme tranquila rápidamente.

Ejercicio. Se sobreentiende que el ejercicio tiene muchos beneficios para la salud. Mantenerse activo ayuda a reducir el estrés de forma significativa. No hace falta que se apunte a un gimnasio; puede pasear por su barrio e ir añadiendo gradualmente más actividades físicas a medida que pueda. A mí personalmente no me gusta hacer ejercicio sola. Prefiero hacer deporte. Por desgracia, tengo algunas condiciones médicas como resultado de lesiones que me permiten solo practicar ejercicios de bajo impacto. Esto no fue fácil de aceptar. Cuando ya no podía rendir al mismo nivel físico que antes, me sentía débil y vieja. Esta era una de las razones de mi ansiedad y depresión. Era un atleta, llevaba seis años de servicio militar y relacionaba el ser fuerte con la forma física y las exigencias. No obstante, es importante encontrar formas de mantenerse activo y añadir actividades físicas en nuestra apretada agenda. Cualquier cosa que le haga moverse, asegúrese de hacerlo. Yo me he apuntado varias veces a un gimnasio, pero parece que sólo me comprometo durante dos meses. Lo que parece funcionar para mí es tener un compañero de responsabilidad. Mi amiga y yo hacemos ejercicio por las tardes o noches durante la primavera y el verano. Caminamos por diferentes caminos cercanos durante cuarenta y cinco minutos. Hablamos tanto que la mayoría de las veces acabamos caminando durante más de una hora. Cuando hace frío fuera, en otoño o invierno, hago algunos ejercicios en casa.

Chequeos de bienestar. Una vez al año debe hacerse una evaluación de la vista, los dientes, la salud en general y mental. La mayoría de los planes de seguro médico cubren la atención preventiva. Si no tiene seguro médico, hay clínicas gratuitas y ferias de salud organizadas por organizaciones sin fines de lucro que pueden ofrecerle una evaluación rápida. No se puede determinar cómo esta su salud mirándose al espejo. Puede que se sienta bien físicamente, pero ¿qué dirá su análisis de sangre? Del mismo modo, puede pensar que ciertos pensamientos negativos están bien, pero si son constantes, perturbadores y afectan a su estado de ánimo, ¿qué diría un médico? No apueste por su salud. Programe sus revisiones anuales y acuda a sus citas.

Practique el amor propio. Tenga compasión de sí mismo. Mire lo lejos que ha llegado desde su nacimiento. Sus emociones tienen un propósito, y debe reconocerlas y procesarlas. Esto evitará que se acumulen y le frenen. Preste atención a lo que dice de sí mismo. Es importante que tenga un buen concepto de usted y que no se menosprecie a sí mismo. Aprenda quién es y qué le gusta. Explore su potencial. Ame su cuerpo físico. ¡¡¡Nadie tiene un traje perfecto, pero le permite moverse, expresarse, crear y vivir!!! No podría hacer nada sin él. Podría seguir con este tema, pero la cuestión es que debe apreciar su cuerpo plenamente, tal y como es. Su corazón late por usted todos los días, está animando su existencia, no lo dé por sentado.

Socializar. Crear conexiones y vínculos con otras personas es maravilloso. Nos relacionamos con gente de forma habitual en diferentes escenarios, así que podemos encontrar algunos a los que podamos llamar amigos y socializar. Algunas de estas conexiones pueden evolucionar con el tiempo, e incluso podría considerarlas familia. Las conexiones significativas ayudarán a reducir el estrés y a mejorar el bienestar al comunicarse, celebrar los hitos de la vida y soportar las dificultades juntos. Tendrá personas con las que compartir momentos y estar ahí para los demás cuando lo necesiten. Si se siente solo o es nuevo en una zona, acuda a actividades o lugares de su agrado donde pueda conocer a personas con intereses similares. También puede pensar en ser el anfitrión de eventos. A menudo, la gente quiere socializar pero nadie quiere planearlo.

Si se siente ansioso ante los grupos de personas, socializar no tiene por qué ser un reto. Puede ir a lugares en los que se sienta cómodo, como la biblioteca, un parque, grupos de estudio con asientos limitados o cualquier lugar menos frecuentado por las masas o lugares lo suficientemente amplios donde haya espacio para moverse. La cantidad de gente con la que socializar no depende de la cantidad sino de la calidad. Si sólo tiene tres amigos, reúnase con frecuencia, comparta intereses y mantenga la conexión. Intente hacerlo en persona. Las conexiones son más personales cuando se está frente a otro. Entiendo que la tecnología es el camino a seguir para muchas cosas, pero poder compartir una risa con alguien es más alegre en persona que con una pantalla de por medio.

Evite las personas tóxicas. Hay personas que son completamente opuestas a nosotros y eso está bien, podemos seguir siendo amigos. No vamos a cambiarlas, pero dejémoslas ser. Incluso podemos aprender algunas cosas de ellos. Sin embargo, hay personas que son muy negativas, inconsistentes, agotan su generosidad, son controladoras, manipuladoras, se hacen las víctimas, hacen que todo gire en torno a ellas, y muchas otras malas características que ignoramos porque queremos ser amables. Estas personas son tóxicas y le causarán más ansiedad y estrés. Su compañía no merece su tiempo, su salud y su energía. Incluso pueden involucrarle en sus problemas. Si estas personas son miembros de la familia, comprendo que no quiera apartarlas por completo de su vida, pero debe establecer límites firmes y atenerse a ellos. Usted tiene una vida que vivir con sus propios problemas, no intente cargar con los suyos también. Muchas veces, sus problemas son causados por ellos mismos. Si la gente dice que va a cambiar, crea en sus acciones, no en sus palabras. Deje que le demuestren que han cambiado antes de que pueda reconsiderar la posibilidad de rebasar algunos límites. Si no es necesario interactuar con un individuo tóxico, no lo haga. Sáquelos de su vida como si fueran malas hierbas antes de que se extiendan por todo su jardín. No será despiadado al eliminar a las personas tóxicas, sino que protegerá su paz y su mente.

Los conceptos saludables son a veces de sentido común y básicos. El problema es que estamos ocupados y tenemos poca energía y a veces poca motivación. Nos encontramos atrapados en los mismos patrones y con el tiempo hasta que se convierte en lo normal. Olvidamos que los papeles que desempeñamos en nuestra vida para cumplir con nuestras obligaciones y normas no deben anular nuestro bienestar. Irónicamente, crear y vivir un estilo de vida saludable conduce a un mejor nivel de vida, proporcionando así una mejor calidad de vida. Las obligaciones se gestionan mejor en un estado saludable. Mi abuela siempre me recuerda que, incluso poco a poco, también puede llegar lejos. Sólo hay que seguir avanzando. Empieza por hacer pequeños cambios para el bien de tu salud y los resultados llegarán.

- CAPÍTULO 9 -

ORGANIZACIÓN LITERAL

¿Quién puede funcionar eficazmente desorganizado? No me malinterpreten, algunas personas pueden producir incluso cuando todo a su alrededor parece caótico. Esto se debe a que diferentes personas tienen formas de procesar y crear sistemas que les funcionan, aunque parezcan desordenados. El espacio en el que vivimos físicamente, en el que trabajamos y en el que pasamos nuestro tiempo afecta a nuestra mente. Si no tiene ningún tipo de organización en sus espacios y su rutina diaria, o no puede encontrar las cosas o el tiempo para hacerlas, experimentará estrés. Si añadimos ese estrés a una agenda muy ocupada y con demasiados compromisos, a tareas incompletas, antes de que nos demos cuenta... estaremos abrumados intentando cumplir con todos nuestros compromisos, día a día y sin tiempo para descansar. Sentirse abrumado o estar en constante estrés conduce a la ansiedad. Es sólo cuestión de tiempo que se agote física y emocionalmente. El tiempo no le espera, y la organización no se produce por casualidad. Dedique tiempo a evaluar y organizar sus espacios para simplificar su vida. Esta acción es una inversión para su bienestar general.

Su hogar. Su espacio vital debe ser un lugar que le haga sentirse cómodo y tranquilo. Un lugar en el que pueda recuperar su energía y descansar. También debe ser funcional para acomodar sus actividades diarias y otros eventos. Sin embargo, hay algunas cosas que debe tener en cuenta al evaluar su espacio:

1. Tener menos cosas es más. Si hay algo que aprendí al mudarme nueve veces en doce años, es que tener objetos físicos que mantener, limpiar, usar y reparar requiere tiempo, energía y espacio en la casa -en mi caso, sólo para empacar y mudarme de nuevo. No soy minimalista, pero prefiero tener menos. La cantidad de cosas que tenga es su decisión. Quédese con lo que quiera, pero organícelo y tenga un sistema para administrar su inventario de manera que pueda encontrar lo que necesita, cuando lo necesita. Está demostrado que el desorden visual contribuye al estrés y la ansiedad. El desorden se produce cuando hay demasiadas cosas que albergar o no hay disciplina para almacenarlas. Mi opinión favorita sobre la relación entre las cosas y la vida viene de Joshua Becker, un influyente minimalista y autor de best-sellers. Él lo dijo mejor: "Vivir intencionadamente con menos; da como resultado una vida con menos deudas, menos estrés y menos ansiedad". Tenga la intención de vivir en un hogar o trabajar en un lugar donde se sienta cómodo y productivo con las cosas que necesita y deshágase de los objetos que ya no necesita y que le estorban.

2. Cree un espacio que le invite a usted... no a sus invitados, amigos o cualquier otra persona a la que quiera impresionar. Mucha gente sigue la visión del hogar perfecto que

ve en la televisión o en las revistas, pero ¿funciona para usted? No tengo una mesa de centro. Me desagradan mucho las mesas de centro. He soportado muchos golpes y dolores por culpa de las mesas de centro a lo largo de mi vida, hasta que decidí deshacerme de ellas para siempre. Si invito a alguien a tomar café, se lo sirvo en la mesa del comedor o me reúno con ellos en una cafetería. Esto es lo que me funciona. Se acabó el bailar alrededor de la mesa de centro para evitar las esquinas bajas y afiladas. ¿Por qué tener cosas que no contribuyen a su comodidad de ninguna manera?

3. Cree un espacio de relajación sólo para usted. Busque un lugar en el que pueda sentarse con objetos que le gusten. El propósito de tener un rincón en su hogar es entrenar a su cerebro para que relacione ese espacio con el tiempo de relajación. Este espacio puede estar en cualquier lugar que le guste, pero utilícelo sólo para relajarse. Mi espacio consiste en una pequeña alfombra con un cojín en la esquina de mi dormitorio. Para mí, la relajación es meditación o literatura; incluso las mascotas saben que no deben acercarse cuando estoy en mi rincón. Junto a la alfombra hay una pequeña mesa con libros, fotos, un diario y una planta. Sea cual sea el espacio que elijas, mantente alejado de los aparatos electrónicos, a menos que sea para poner música de relajación. El objetivo es pasar tiempo con uno mismo para respirar, relajarse y recuperarse.

Espacio de trabajo. Al igual que sus espacios vitales, su espacio de trabajo debe estar organizado para ser eficiente. Pasará gran parte de su día trabajando, así que hágalo valer. Mantenga su escritorio preparado para la productividad. En su ordenador, no guarde todo en la pantalla hasta el punto de parecer tener varicela. Organícelo de forma lógica que le funcione. Ya sea por categoría, fecha o come desee, pero manténgalo organizado.

Debo confesar que vivo pendiente de mi calendario (a menos que esté de vacaciones). Cuando programo reuniones, recordatorios personales o en los estudios, escribo todos los detalles en la descripción del evento. Esto me facilita tener todo en un lugar centralizado y en la fecha en la cual debo completar los compromisos. Solía hacer esto en un calendario de papel, pero con tantas funciones de calendario disponibles electrónicamente, hice el cambio, y no volví al papel.

Me gustan las listas de tareas. Hago una lista de todo lo que hay que hacer, no importa lo grande o pequeña que sea la tarea, incluyo todo para que se haga. No las agrupo; simplemente las escribo. En un día normal, decido qué hacer en función de la prioridad. Sin embargo, si estoy con poca energía, me pongo como objetivo completar al menos tres tareas ese día a mi propio ritmo. En esos días de poca energía es cuando más aprecio la organización. Todo está en su sitio para encontrarlo fácilmente. Si tienes tareas repetitivas, mira si puedes crear plantillas o automatizar un proceso para ahorrar tiempo, ser coherente y eficiente.

Programe su tiempo. El tiempo es más valioso que el dinero. Los saldos de dinero en su cuenta bancaria suben y bajan, pero el tiempo sólo pasa. Como el tiempo es tan valioso, hay que administrarlo sabiamente. Hubo una época en mi vida en la que mi agenda estaba llena hasta el tope. Pensaba que llenar mi agenda era una forma eficaz de gestionar el tiempo. Si no hacía algo, me parecía que estaba perdiendo el tiempo. Ni siquiera podía sentarme a relajarme porque me sentía ansiosa por todas las cosas pendientes que podría estar haciendo en su lugar. También confirmaba mi asistencia a todos los eventos porque no quería perderme nada o sentía que decir que no era una grosería. Mi forma de cuidarme era programar citas médicas cuando era necesario o un examen físico una vez al año. El tiempo libre era para limpiar y ponerme al día. En el fondo, la agenda sobrecargada me hacía sentir capaz y realizada. Estaba al tanto de todo, pero a la larga... eso me llevaba al agotamiento. No era desorganizada, pero intentaba abarcar demasiado en las mismas veinticuatro horas que todos tenemos. Todo es cuestión de equilibrio, y yo no lo tenía. Un buen horario debe tener sus compromisos, pero también tiempo para uno mismo y para lo que le importa. ¿Qué le gusta hacer? ¿Salir con un amigo a tomar un café? ¿Una noche de juegos en familia? ¿Ir a pescar o a trabajar en el jardín para relajarse? ¿Trabajar en un hobby o aprender algo nuevo? Cuando programe su tiempo, piense en la importancia de cada tarea. No tenga miedo de decir que no. Es su vida, su tiempo, decida cómo utilizarlo intencionadamente.

Gestión del dinero. El dinero es una fuente de estrés para muchas personas, tengan o no problemas mentales. La clave para solucionar este problema es tener control sobre las finanzas. Si no es organizado con el dinero, éste irá y vendrá ante sus ojos constantemente. Esto hará que se sienta preocupado por no tener lo suficiente, y si experimenta una emergencia, la ansiedad se disparará con fuerza. Sin embargo, si administra sus finanzas, pase lo que pase podrá relajarse un poco sabiendo que tiene las cuentas listas para cubrir las emergencias. Personalmente, tuve problemas con el dinero cuando me independicé. Tenía dieciocho años y pensaba que un presupuesto mensual era una lista de todas las cuentas con importes. Del poco dinero que me quedaba, ahorraba veinte dólares y me gastaba el resto. Cuando quería algo nuevo a crédito, pensaba que si podía pagar la mensualidad, eso significaba que podía pagarlo cómodamente. Nunca presté atención al tipo de interés del importe total. No consideraba que pedir un préstamo o una tarjeta de crédito fuera un problema porque para eso estaban los bancos, ¿no? Así es como se construye el crédito, ¿no? En mi mente, estaba construyendo crédito para mi futuro, no pidiendo prestado. Como puedes ver, la forma en que entendía las finanzas no era saludable. Para empeorar las cosas, estudié en una escuela vocacional y obtuve un certificado de asistente contable al graduarme. Basándome en lo que aprendí de las finanzas, creí que tenía buenos conocimientos financieros.

Por suerte, la vida es el mejor maestro que uno puede tener. Salir adelante con lo que tenía y un poco de dinero extra para gastar y ahorrar funcionó hasta que mi situación cambió. El ejército me trasladó, con el mismo sueldo, a otro estado donde el costo de vida era mayor. Aunque el ejército me aprobó para vivir fuera de la base con un subsidio, el proceso duró más de treinta días. Mientras tanto, firmé el contrato de arrendamiento de un apartamento, di el primer mes de alquiler y el depósito de seguridad por adelantado, lo que me dejó con treinta y nueve dólares a mi nombre hasta el siguiente día de pago que era dentro de una semana. El apartamento estaba listo para mudarse en cuatro días, pero ese mismo día me mudé de la vivienda de la base. Esto significaba que tenía que encontrar un lugar donde quedarme durante cuatro días con menos de cuarenta dólares. Era nueva en la zona y no conocía a nadie a quien pudiera pedirle alojamiento. Era demasiado orgullosa para pedirle dinero a mis padres porque eso significaba que, a los diecinueve años, estaba fracasando como adulta. Opté por quedarme en mi coche, al fin y al cabo, solo eran unos días. "Puedo aguantar esto", pensé.

Hacía mucho frío, lloraba, lo odiaba, estaba incomoda y tenía miedo. Durante esos cuatro días me quedé sin hogar, pero no lo veía así porque había firmado un contrato de alquiler de un apartamento y pronto me iban a dar las llaves. Llegaba temprano al trabajo para poder ducharme en el gimnasio. Compraba comida en el menú del dólar de un restaurante de comida rápida. Un burrito de frijoles de un dólar da para mucho. Me estacioné en un hospital para poder usar el baño si lo necesitaba en medio de la noche. Fue entonces cuando me dije que nunca más me encontraría en una situación así. Mi visión del dinero cambió por completo.

Lo que siguió a esa experiencia fue un nuevo aprecio y respeto por el dinero y las cosas que di por sentadas durante tanto tiempo. Un techo, una habitación, una lavadora, calefacción y muchas otras cosas, pero las verdaderas lecciones que recibí mientras vivía en este coche durante cuatro días fueron la reflexión sobre mi vida y cómo la estaba viviendo. ¿Cómo llegué a este punto? Durante los meses siguientes, conté cada céntimo, cada gasto, identificando entre necesidades y deseos, comprendiendo que una cuenta de ahorros no es lo mismo que un fondo de emergencia y que un presupuesto no es una lista de cuentas. Desarrollé una fuerte determinación para aprender finanzas realistas. Estudié e intenté muchos métodos para descubrir lo que funcionaba mejor para mi situación.

Mejoré mucho mis finanzas, pero más de una década después volví a encontrarme nuevamente con deudas. Esta vez, tenía una familia y llevábamos un estilo de vida que no podíamos mantener. A los diecinueve años pude quedarme en un coche, pero no podía volver a hacerlo, sobre todo con una hija. Me di cuenta de que mis finanzas estaban mal después de que cambiara el presupuesto varias veces para ajustarlo todo, y no podía hacerlo funcionar a menos que pagara algunas cuentas con tarjetas de crédito. Utilicé el crédito porque nuestros sueldos ya no daban suficiente dinero. No era suficiente porque estábamos viviendo por encima de nuestras posibilidades. Además de las facturas básicas, había que pagar dos coches, dos tarjetas de crédito, un préstamo y un camper. Esto era un motivo de ansiedad. No dormía bien por las noches.

Compré varios libros, pero uno de ellos cambió por completo mi visión financiera. El enfoque era tan radical que me cambió. *The Total Money Makeover*, de Dave Ramsey, ofrece pasos sencillos para lograr la libertad financiera, y no lo cubre de flores. No describiré sus estrategias, pero si le interesa mejorar en sus finanzas es un buen libro. Usted debe realizar su propia investigación para decidir cómo quiere avanzar con sus finanzas. En mi caso, Dave Ramsey me proporcionó poderosos mensajes, en formas que me hicieron enojar. Señaló que mi estupidez financiera era obra mía (cierto), pero yo no quería escuchar eso. Pensé en llamar a su podcast una vez para hablar de cómo la sociedad ha establecido un sistema en el que no se puede vivir sin deudas y lo difícil que es salir adelante. No llamé porque tenía miedo de que me masticara y me escupiera en directo. Sentí que culpaba a la gente y no al sistema. Mientras seguía su programa, mi postura financiera mejoró y, con el paso del tiempo, resultó tener razón. Pagamos todo y ahorramos para las emergencias. Las vacaciones en el camper fueron más agradables después de no tener deudas e incluso nos cambiamos a un camper más grande. Tenemos el control de nuestras propias finanzas, independientemente de cómo vaya la economía del país en general. Se trata de planificar las finanzas de forma intencionada.

A lo largo de toda la investigación financiera, nunca se me ocurrió buscar un planificador financiero. Ojalá lo hubiera hecho; podría haberme ahorrado tiempo. La mayoría de los bancos, los beneficios de los trabajadores, las escuelas y las organizaciones sin fines de lucro ofrecen asistencia gratuita en materia de finanzas personales. Tenga cuidado con las empresas interesadas en venderle productos en lugar de ayudarle con sus finanzas. Organizar sus finanzas le dará tranquilidad.

La vida es agitada y el tiempo es valioso. Organice su tiempo, sus espacios y sus finanzas. Estas son áreas en las cuales podemos tener el control. Tener esas áreas bajo control ayudará a reducir el estrés y la ansiedad.

– CAPÍTULO 10 –

VIVIR CONSCIENTEMENTE

Despertarse por la mañana respirando aire en nuestros pulmones significa que hemos recibido el regalo de otro día. A partir de ese momento, cada elección debe ser intencionada. No hagas las cosas por costumbre, hazlas porque tienes una razón para hacerlas. Acepta los altibajos y ve las lecciones de cada experiencia. No podemos aferrarnos al tiempo, así que tenemos que hacer lo mejor con lo que tenemos y partir de ahí. Ser consciente de cómo vivir su vida y vivirla con un propósito.

Viva en el momento presente. Observe, aprenda y experimente cosas nuevas en tiempo real. Estas tres acciones le ayudarán a adquirir sabiduría que, a su vez, amplía su capacidad para ayudarse a sí mismo y a los demás. El pasado contiene iteraciones más antiguas de lo que somos, y no debemos retroceder. Asumamos las lecciones y sigamos adelante. Las iteraciones futuras de lo que llegaremos a ser dependen de cómo vivamos el momento presente. Tome decisiones responsables y no se ponga en situaciones que le afecten negativamente.

Perdonar y dejar ir. Todos hemos hecho algo mal o hemos sido perjudicados por otros en algún momento. Aferrarse al resentimiento, a la culpa o a cualquier emoción negativa relacionada con situaciones del pasado sólo nos perjudica. No espere un reconocimiento y una disculpa porque puede o no llegar. No espere a que se le haga justicia porque puede o no verla. Lo mejor es dejar ir el pasado y seguir adelante. Se sentirá mejor y más ligero cuando lo deje ir porque no está atando su recuperación a otra persona o a un resultado concreto. Usted controla su recuperación al decidir perdonar. Si necesita disculparse con alguien, hágalo sinceramente sin esperar cómo será recibida la disculpa. Si necesita perdonarse a sí mismo, hágalo con amor.

Reconozca sus emociones. No estamos hechos de acero, así que no tenemos más remedio que aceptar nuestras emociones como un rasgo humano y procesarlas de forma saludable. Tenga compasión hacia usted mismo y sepa que es capaz de mucho más de lo que se atribuye. Solía pensar que estar físicamente bien y no mostrar emociones era fortaleza. Decidí redefinir lo que significa la fuerza porque esta forma de pensar me estaba rompiendo emocionalmente. Mi nueva definición no tiene edad, es sencilla y es la siguiente: fuerza es desarrollar y practicar la resiliencia, ganar sabiduría y elegir la compasión. ¿Cuál es su definición?

Tómese tiempo para relajarse. Aprenda qué le ayuda a relajarse y hágalo con regularidad. No espere a estar estresado porque en ese momento estará tan tenso que la relajación no será tan fácil de conseguir. Haga que la relajación forme parte de su horario como una actividad de auto mantenimiento. ¡¡¡Además, tome vacaciones!!! No es de extrañar que esté estresado. Si no se siente bien, tómese un tiempo libre. Mucha gente se presenta en el trabajo porque tiene entregas importantes o no quiere utilizar su tiempo libre para quedarse en casa y descansar. No se arriesgue a empeorar o a que sus compañeros de trabajo se enfermen también.

Sea positivo. Siempre hay más de una forma de ver todo: elija ver el lado positivo. Esta es una gran manera de mantener la ansiedad bajo control. ¿Por qué preocuparse por algo antes de tiempo? Hasta que se demuestre lo contrario, quédese con un buen resultado. Evite pensar negativamente, sentirse inseguro o cualquier cosa que le deprima. Si está triste, por ejemplo, evite las películas tristes que alimenten esa emoción, intente ver una comedia en su lugar.

Conózcase a sí mismo y a su valor. Cuando uno sabe quién es, no busca la validación externa de nada ni de nadie. Es muy importante entender esto. Lo sé muy bien, ya que he intentado exhaustivamente buscar la validación de otras personas, que —independientemente de lo que hiciera o de cómo actuara— nunca parecían reconocer mi valor. Esto afectó a mi confianza y autoestima. Cuando empecé a mirar hacia dentro y a confiar en mis propias capacidades, empecé a sentirme más feliz. También, a tener mejores oportunidades de trabajo con un salario significativamente más alto y relaciones que eran recíprocas. Esto me llevó a romper con algunas personas, pero al convertirme en mí misma tuve que dejar atrás todo lo que me retenía y eso incluía personas, trabajos y cosas (mesas de centro).

He preguntado a la gente si se quiere a sí misma, y los que dudan en responder han expresado razones que llevan a no sentirse lo suficientemente bien. Sienten que no están donde les gustaría estar en la vida o que ya no son atractivos. Tal vez alguien les haya menospreciado. Algunos miden su amor propio a partir de su nivel de éxito, y puedo seguir con la lista de respuestas que obtuve. Todas las respuestas fueron negativas e inciertas.

Solía pensar que el amor propio era una pregunta retórica para reflexionar sobre uno mismo, no necesariamente una pregunta para responder. He sido insegura, pero cuando empecé a enamorarme de mí misma, mi confianza aumentó hasta el punto de considerar la posibilidad de explorar áreas en las que no tengo experiencia. Entiendo que no soy perfecta, pero sí capaz. Sé que soy suficiente. Me siento orgullosa por las muchas veces que me he levantado después de los fracasos y por las victorias que realmente he conseguido. Empecé a ver mi propia belleza cuando dejé de juzgar mis imperfecciones. Su respuesta, a si se ama a sí mismo debería ser un rotundo SÍ. El amor por usted mismo debe ser incondicional. Esto significa amar sin las condiciones de la apariencia, el título de trabajo, el saldo bancario, la opinión de otras personas, las situaciones o las circunstancias vinculadas a ese amor. Usted no le pondría condiciones a sus seres queridos de esa manera, así que ¿por qué se lo haría a usted mismo? Si no está seguro de si se ama a sí mismo o si sabe que no lo hace, reflexione sobre el motivo. Sea consciente de las ideas poco realistas y háblelo con personas que puedan ayudarle. Usted es su relación más duradera. ¡Ámese!

Aprenda y pruebe cosas nuevas. Mantener el cerebro ejercitado aprendiendo y experimentando cosas nuevas es bueno para la mente y el alma. De nuevo, no hemos venido a la Tierra para pagar las cuentas y estar guapos. Somos seres que crecen y evolucionan. Es natural que exploremos y seamos curiosos. Siempre aprendo algo de mí misma cuando pruebo algo nuevo. Busco a propósito actividades fuera de mi zona cómoda. Por mencionar algunos ejemplos, me presenté a un concurso de dibujo de una biblioteca pública, acepté un trabajo de auditoría con cero experiencia y fui a cantar villancicos sabiendo que mi canto no es bueno. También me encanta aprender y apuntarme a las clases que se ofrecen en mi comunidad, en una institución privada o en el web cada vez que puedo. Las clases que he tomado incluyen cocina, decoración de pasteles, nutrición, finanzas, organización del hogar, origami, trenzado del cabello, yoga, pintura, envoltura de regalos, modelado, supervivencia en la naturaleza, sociología, peluquería canina y muchas otras. El conocimiento es poder, y le animo a que siga empoderándose.

Tenga objetivos. Crear objetivos o metas nos ayuda a centrar nuestra atención en lo que hay que hacer para conseguirlos. Al mismo tiempo, tenemos algo en lo que trabajar y esperar resultados favorables. Cuando no se aspira a nada, se está dejando pasar el tiempo. Además, es difícil sentirse motivado si no hay un objetivo que alcanzar. Sus objetivos deben ser realistas y ayudarle a avanzar de alguna manera o, al menos, darle satisfacción. Los objetivos no son inmóviles; cambiarán a medida que vaya avanzando. Cuando alcanzamos un objetivo, creamos el siguiente. No se trata de estar siempre persiguiendo algo, sino de seguir construyendo la mejor versión de uno mismo.

Sea voluntario. HelpGuide, una organización independiente sin fines de lucro que ofrece educación y apoyo gratuitos en materia de salud mental informa de que "midiendo las hormonas y la actividad cerebral, los investigadores han descubierto que ser útil a los demás proporciona un inmenso placer. El ser voluntario ayuda a contrarrestar los efectos del estrés, la ira y la ansiedad. El aspecto del contacto social de ayudar y trabajar con otros puede tener un profundo efecto en el bienestar psicológico general. Nada alivia mejor el estrés que una conexión significativa con otra persona".

Está demostrado que ayudar a los demás o a una causa que se alinea con nuestras creencias estimula nuestra felicidad general. No hace falta que te comprometas de forma continuada; puede que sólo sea cuestión de identificar quién necesita ayuda cerca y ayudarle. Si no estás acostumbrado a ayudar a los demás, la práctica hará que te sientas más cómodo. Además de ayudar a las personas, a las comunidades y al mundo, el participar como voluntario ayuda a poner la vida en perspectiva, como mencioné en el capítulo 5. Formamos parte de un ecosistema mayor. Si nos quedamos en nuestro propio núcleo, es difícil conectar y evolucionar. Las oportunidades de participar como voluntario se han hecho más accesibles con la tecnología. Ahora puedes ser voluntario desde la comodidad de tu casa coordinando eventos, adoptando mascotas, respondiendo a las llamadas de las víctimas de violencia doméstica y hay muchas otras opciones. Si prefiere ser voluntario en persona, hay muchas organizaciones que necesitan ayuda práctica. Si no es voluntario, tampoco se preocupe; el ser voluntario no determina si es usted una buena o mala persona. Sin embargo, en lo que respecta a la salud mental, participar como voluntario tiene muchos beneficios que pueden ayudarle a usted mientras ayuda a los demás. Es una situación en la que todos los implicados salen ganando.

Educar y concienciar. No hace falta que se salga de su camino para iniciar una campaña de salud mental, a menos que quiera hacerlo. Podría ayudar a las personas que conoce, si están dispuestas a escuchar. A medida que vaya aprendiendo sobre la ansiedad, la notará fácilmente en otras personas. Compartir su experiencia puede ayudar a otras personas a relacionarse con su experiencia e iniciar la conversación sobre el bienestar mental. He podido remitir a personas a los recursos adecuados porque se han sentido cómodos hablando después de escuchar lo que yo tenía que decir. Si la gente se acerca a usted en busca de comprensión, recuerde que debe hacerlo siempre desde un lugar de compasión. Apóyeles y anímeles a buscar el profesional de la salud mental adecuado.

Cuando se vive conscientemente, se tiene más control sobre las emociones y los resultados. La ansiedad o cualquier tipo de emoción no le impedirá vivir, pero tiene que gestionarlas bien porque de ello dependerá la calidad de su vida. Viva una vida equilibrada y quiérase a sí mismo. Todo su cuerpo necesita cuidados, y si necesita ayuda, hay un especialista para cada parte del cuerpo. No espere a que su cuerpo se rompa o se sienta mal para buscar ayuda médica. Hágalo ahora como medida preventiva.

Elimine el estigma asociado a las dificultades mentales, promueva un estilo de vida saludable y viva la mejor vida que pueda crear. Se debe a sí mismo una vida hermosa y tener ansiedad no le impedirá lograrla. Lo único que se necesita es aprender a hacer la paz con la ansiedad.

RECONOCIMIENTOS

Este libro no hubiera sido posible sin el Programa de la Escuela de Auto publicación (Self Publishing School, SPS) y su maravilloso personal. Tuve la visión de publicar un libro, pero no tenía ni idea de por dónde empezar o cómo hacerlo. La SPS me enseñó el proceso. Me sentí apoyada y pasé a formar parte de una gran comunidad de autores.

Gracias, SPS, por haberme proporcionado el mapa de ruta a seguir en este viaje.

Gracias a mi hija por su apoyo y por celebrar conmigo cada logro del libro.

Agradezco a los lectores por haber leído hasta el final y haber dedicado su tiempo a mi libro.

Doy gracias a Dios por proporcionar siempre el camino.

ALIVETTE VIGO

Un gesto amable

> Si le agrado mi libro,
> le pido de favor que me
> escriba una evaluación honesta
> en Amazon o en donde
> compró el libro.
>
> Le doy las sinceras gracias.

ALIVETTE VIGO

FUENTES

1. *Anxiety disorders.* (2018, May 4). Mayo Clinic Organization. https://www.mayoclinic.org/diseases-conditions/anxiety/symptoms-causes/syc-20350961.

2. *Anxiety Disorders.* (2017, December 1). National Alliance on Mental Illness. https://www.nami.org/About-Mental-Illness/Mental-Health-Conditions/Anxiety-Disorders.

3. Dan Harris. (2019). *10% Happier: How I Tamed the Voice in My Head, Reduced Stress Without Losing My Edge, and Found Self-Help That Actually Works—A True Story.* Revised HarperCollins.

4. Dave Ramsey. (2013). *The Total Money Makeover: Classic: A Proven Plan for Financial Fitness.* Thomas Nelson.

5. Maharishi Foundation USA. (n.d.). What is TM? https://www.tm.org/transcendental-meditation.

6. *Stigma, Prejudice and Discrimination Against People with Mental Illness.* (n.d.). American Psychiatric Association. https://www.psychiatry.org/patients-families/stigma-and-discrimination.

7. Treatment Advocacy Center. (2016, June). Risk Factors for Violence in Serious Mental Illness. https://www.treatmentadvocacycenter.org/storage/documents/backgrounders/smi-and-risks-for-violence.pdf.

8. *Volunteering and its Surprising Benefits.* (n.d.). HelpGuide. https://www.helpguide.org/articles/healthy-living/volunteering-and-its-surprising-benefits.htm.

9. *What is Anxiety?* (n.d.). Anxiety.org. https://www.anxiety.org/what-is-anxiety.

10. What to do when someone is at risk. (n.d.). American Foundation for Suicide Prevention. https://afsp.org/what-to-do-when-someone-is-at-risk.

11. National Alliance on Mental Illness. https://nami.org/About-Mental-Illness/Treatments/Mental-Health-Medications/Types-of-Medication.

Descargo de responsabilidad: Los sitios web pueden cambiar su contenido a medida que se dispone de más información o se descubre. También hay casos en los que una URL (Localizador Universal de Recursos) cambia si el propietario traslada su contenido a un nuevo sitio. En el momento de la publicación, las fuentes citadas en este libro estaban actualizadas y eran relevantes para el tema. Por favor, asegúrese de seguir investigando y encontrando formas de hacer su vida más saludable en todos los aspectos.

www.ingramcontent.com/pod-product-compliance
Lightning Source LLC
Chambersburg PA
CBHW070855050426
42453CB00012B/2223